乡愁城市
薛 冰 主编

# 格 致 南 京

薛 冰 著

东南大学出版社
·南京·

图书在版编目(CIP)数据

格致南京 / 薛冰著. —南京:东南大学出版社,
2017.7(2018.4重印)
(乡愁城市 / 薛冰主编)
ISBN 978-7-5641-7236-7

Ⅰ.①格… Ⅱ.①薛… Ⅲ.①城市文化—文化史—南京—通俗读物 Ⅳ.①K295.31-49

中国版本图书馆 CIP 数据核字(2017)第 131862 号

**格致南京**

著　　者：薛　冰
责任编辑：许　进
出 版 人：江建中
出版发行：东南大学出版社
社　　址：南京市四牌楼 2 号　邮编:210096
经　　销：全国各地新华书店
印　　刷：南京玉河印刷厂
版　　次：2017 年 7 月第 1 版
印　　次：2018 年 4 月第 2 次印刷
开　　本：700mm×1000mm　1/16
印　　张：11.5
字　　数：182 千字
书　　号：ISBN 978-7-5641-7236-7
定　　价：48.00 元

本社图书若有印装质量问题,请直接与营销部联系。
电话:025-83791830

# 目　录

引言　|1

**秦淮河的历史变迁**　|5
　　桃叶渡的风波　|5
　　史前时期的秦淮河　|7
　　越城、金陵邑与秦淮河　|10
　　秦淮河之名始于唐代　|12
　　六朝秦淮波涛汹涌　|14
　　北宋以后水枯河窄　|17

**运渎、潮沟和青溪**　|20
　　潮沟与城北堑　|22
　　阊阖门外太子西池　|24
　　运渎六桥辨析　|27
　　青溪七桥见曲折　|30
　　秦淮中支的形成和影响　|33

**二十四航与四航**　|37
　　陈作霖的两个误判　|37
　　大市桥、禅灵渚渡和建初寺　|40

　　　　试析二十四航　|43
　　　　秦淮四航细探　|46

"二水中分白鹭洲"　|51
　　　　白鹭洲和蔡洲　|51
　　　　沿江参差十八洲　|54
　　　　白鹭洲中分二水　|57
　　　　越城同样是"扼江控淮"　|59
　　　　江岸西移失鹭洲　|62

城垣与水系　|65
　　　　南唐建都开城濠　|65
　　　　南唐宫城护龙河　|68
　　　　明都新宫影响水系　|70
　　　　扑朔迷离金川河　|73
　　　　金川河流域细述　|77

"人家尽枕河"　|79
　　　　明代方志中的水道桥梁　|81
　　　　门东曾有小运河　|83
　　　　清代中期的主要河道　|84
　　　　城北地区的支流沟渠　|87
　　　　城南地区的支流沟渠　|89

"小长干接大长干"　|93
　　　　《南京地名大全》误说长干里　|93
　　　　长干里与凤台山　|95
　　　　小长干巷在越城北　|96
　　　　瓦官寺的变迁　|97
　　　　大市和横塘　|100

目 录

  夹淮立栅之处 |102
  查浦与小长干巷 |103
  居民区由南向北推进 |105
  大长干与大长干寺 |106
  东长干之谜 |108
  秦淮河两岸的新兴商业区 |109
  唐诗中的长干里 |110

门西·门东 |112
  门西、门东和门里 |112
  长干里消解于新商业区 |115
  南唐金陵城"据冈阜之脊" |116
  十里秦淮串三门 |117
  门东水泽影响发展 |120
  南唐坊、市多在门西 |123

"城南十八坊" |127
  古代里坊的演变 |127
  坊名与坊门、牌坊 |128
  南京早期里坊的三个特点 |130
  "城南十八坊"本指人匠坊 |134
  以行业得名的匠作坊 |136
  评事街地名的变迁 |139

营、廊、市 |140
  明初的匠营 |140
  新兴的匠作营 |142
  以营命名成为惯例 |143
  从官廊到商廊 |144
  以市名街和以街名市 |147

**街谈·巷议** |151

　　元代的街巷道路　|152

　　明初的街市与桥梁　|154

　　明中期形成的街巷体系　|157

　　清中期街巷与新街口　|159

**"金陵王气"** |165

　　"金陵王气"的最初出处　|165

　　"处所具存,地有其气"　|166

　　"五百年后"源起东晋　|168

　　蒋山"紫云"与"黄旗紫盖"　|169

　　"凿方山"与秦淮河　|170

　　埋金传说始于唐　|171

　　南宋人的新解释　|174

　　明清的余波　|175

# 引言

　　我认识南京,是从小时候的目睹耳闻开始的。六十多年间,在南京居住、工作过的地点有十几个,从城北到城南,从城西到城东,可以说与南京的各个片区,都有过亲密接触。当然前三十年,只能说是被动感受,直到一九八〇年代,才有意识地关注、寻访南京的自然和人文胜景。其时劫后幸存的文物古迹,与早年所见,已令人生沧海桑田之叹;所幸山水脉络、城市轮廓、街区格局、建筑风貌,保存还较完整。所以我常说,我们这一代人,是尚有机会亲眼看到南京古都面貌的一代人,也是对南京古都格局能有完整认识的最后一代人。

　　南京这样的历史文化名城,单靠行走去了解,难免浮光掠影,知其然不知其所以然。古人说"读万卷书,行万里路",必得通过阅读相关文献资料,才能领略文化现场背后深厚的历史底蕴,在解疑释惑的同时,又为现实寻访提供了新的线索。当年搜求地方文献远不如今日便利,我在足迹所到的每一个城市访淘,不拘新版旧版,不问价格高低,但有所见,志在必得。每一种新资料到手,都让我如获至宝。

　　这些资料中,最易引起阅读兴趣的是笔记掌故类图书。附丽于具体事物的文化延伸,易于理解也易于把握,不但广受读者欢迎,也最为写作者所偏爱。时至今日,出版社所欢迎的地方文化著作,仍不脱掌故加观感的模式。每个人都可以用自己的方式重述掌故,即使出现偏差,与人们过去的认知不同,读者也不会计较。就像受粉丝们追捧的明星,明知那是化了浓妆的形象,可谁又会一定要看洗干净的素颜呢!于是,城市形象便有点像我们小时候玩的万花筒,一堆五颜六色的小碎片,装入暗盒里,随手一转,就能组合出一种崭新的绚烂图案。

　　既然一百个人眼中可以有一百个林妹妹,为什么就不能有一百个南京城呢。

毋庸讳言,我在相当长的时期里,也是笔记掌故的热爱者。发现一个新故事,悟得一点新领会,便兴奋不已,而且无论写小说还是写散文随笔,用起来都得心应手。虽然我也注意到,有些文献记载与实地踏勘的结果大相径庭,有些地名与历史事件中的地点并非一处,尤其是不同时代、不同作者的著述中常有相互矛盾冲突之处,甚至同一著作中也会出现前后不一的混乱,但都没有深究孰是孰非。

直到十年前,我开始撰写《南京城市史》,试图借助于这些材料,拼合出各个历史时期的南京城市图景,便发现有些材料明显与其他同时代的材料不能吻合。在探究某一个点位的历史沿革,按时间顺序排比相关材料时,也有些材料明显不能归入这一系列。不解决这些问题,我就无法完成工作。

可以说,大多数地方文献的作者,没有对城市作完整描述的意识。他们只是作为城市的记录员,把自己耳闻目睹的片断笔录下来,成为一种掌故。细节对于重现历史真实固然非常重要,细节消失,大架构便容易被扭曲、被伪造。掌故笔记也是中国传统文人常用的文体,笔记可以渗入正史,正史可以摘为笔记。但是,如果说作者看到的东西,尚可能是某一个特定时空的真实,其耳闻的内容便有可能出于虚构或以讹传讹。而他们转摘前人著述中自己感兴趣的东西,往往并不考虑其是否真实准确,甚至在其中掺杂自己的见解,真真假假,虚虚实实,难以分辨。后世的掌故作者同样各取所需,"一犬吠影,百犬吠声",遂造成更大的混乱。

当我们孤立地看某一个细部、某一个节点时,这并不成为大问题,众说纷纭反而增添了趣味。可是,当我们试图作宏观的、系统的、全景式的考察时,种种矛盾冲突之处、难以自圆其说之处,便会凸显出来。这迫使我将阅读重点转向相对严谨的史志。正史杂史,方志小志,或通读或精读,不敢稍有疏漏。重要者如《建康实录》《景定建康志》《至正金陵新志》《南畿志》《金陵古今图考》《同治上江两县志》《金陵琐志八种》《首都计划》等,更是反复揣摩,探寻其间的承袭变化,比较各书的优异得失。

读书越多,就越意识到自己的不足,所以在《南京城市史》出版后,这一文献研读工作没有停止,而且范围有所扩展,进一步追根求源。同时,我也密切关注考古发现与今人的研究成果。二〇一五年我着手修订《南京城市史》,在《增订再版后记》中,写下了自己的认识:"像南京这样的历史文化名城,认识其发展史,决非可以一蹴而就的事情。此书出版以后,一方面,是考古工作者的新发现,陆续为我们揭开了若干不解之谜;一方面,是对相关历史文献的深入研读,使我有可能透过前代研究者有意无意造成的迷惑,更接近于事实真相。这一回的修订,就是基于这两方面的进展。"

然而,限于体例,对于南京城市发展进程中诸多有意无意的误解与困惑,其时仍然无法深究。一些论述不便过于铺张,一些问题不能从容讨论,只能点到为止,或暂从若干说法中选择一个相对适宜的说法,以保持全书结构的统一。所以我才下决心来另写这一本《格致南京》。

"格致"一词,在近代曾被作为物理、化学等自然科学的统称。我还是取其在传统文化中"格物致知"的本义。"格致"南京,就是为了弄清南京城不同历史阶段的真实面貌,对于城市发展史上的种种"疑难杂症",对于长期以来似是而非、以讹传讹的东西,知其然不知其所以然的东西,尤其是影响较大的、争议较多的疑惑,尽我所能,找出符合实际的、符合常理的解说。通过揭示一度被混淆、被扭曲、被颠倒的真相,以求对南京城、南京史有更为准确与深入的认识。只有在真实的基础之上,才可能重现南京城的历史真面与发展真相。这里所做的,就是确立真实基础的工作。

无论辨析旧论,还是提出新说,都必须有充分的依据。我的依据,如前所述,一是考古发现,以新发现的实证材料对前人未必可靠的记忆进行修正;二是通过对既有文献的比勘与解读,对前人的论断重行审视与反思。简而言之,在这本书里,可以尽可能充分地列举种种不同的说法,相互驳难,并根据考古、文献、现状等各方面的证据,重新探究多种见仁见智的可能性,也尝试提出一些新的判断与推测。

这与侦破案件有点相似,首先是尽可能多方面搜集证据,然后通过排比分析,组合成证据链,借以推导出案件真相。在特定的条件下,甚至可以推演出"作案动机"。如剖析某种记述在什么时代背景下发生了怎样的变化,由此窥见改变者的心意和目的。当然,也有一些疑惑,至今仍难提出确切证据,只能根据既有材料,尽量做出比较合乎情理的推测。

全书分为两大部分,第一部分讨论的主要是与城市水系相关的问题,秦淮河、运渎、潮沟、青溪、金川河等几大水系的发展变化,河上的桥梁、渡口分布,白鹭洲的位置与消失过程,南唐与明初建城对水系的影响,以及清代中期城中水网密布的情况。第二部分讨论的是里坊街市变化情况,从最初长干里商区的产生,到门西、门东的形成,"城南十八坊"的真实内涵,明、清市场的分布与特色,街巷体系的形成和发展等,以及"金陵王气"对于城市发展的实际影响。

不能说我在这里的看法,就是最后的定论,但至少对其中一些问题做出了拨乱反正的解析,对另一些问题则提出了解决的可能途径。古人有言:"学而不思则罔,思而不学则殆。"通过学习把握已知材料,通过思考弥补未知材料,是解决学术疑难的一种有效方法。我愿意把自己学与思的一得之见,在这里与大家分享,希望能有助于更准确地认识和理解古都南京,能有利于当下和今后的南京城市规划和文化建设。

写这一本书,在我完全是自讨苦吃。前后一年间,一回回地重读文献,一回回地苦思冥想,一回回地推翻自己。然而,每发现一个新疑点,找出一个新证据,解决一个新问题,其乐趣也是难以言表的。更重要的是,作为一个南京公民,一个南京城市文化的研究者,一个尚能理清南京古都格局的人,我应该尽这一种责任。

人们对于历史的每一次回顾,都是一次重新建构。城市史与城市一样,并不是被保留下来的,而是在既有基础上一回回重建所成。每一个人对于城市的认识过程,都是一个重新建构的过程。如果说这一本书能有些许新意,正是因为我有机会站在了巨人的肩膀上。

# 秦淮河的历史变迁

人们常说,秦淮河是南京的母亲河。说南京,就不能不说秦淮河。

秦淮河与南京两千五百年建城史息息相关,也让人有"一部二十四史从何说起"的困惑。我选择的是一个小人物和一个小景点:桃叶渡。

十里秦淮从东水关入城,流经的第一个景点,就是桃叶渡。秦淮两岸的六朝胜迹,朱雀桥、邀笛步、骠骑航、麾扇渡、汝南亭、竹格渚,都已泯灭无迹,现在还能看到的,除了面目全非的乌衣巷,也只有一个桃叶渡。

说十里秦淮,不能不说桃叶渡。

## 桃叶渡的风波

桃叶渡有此幸运,多半是因为王献之的《桃叶歌》。

广为流传的《桃叶歌》,是这样的一首:

"桃叶复桃叶,渡江不用楫。但渡无所苦,我自迎接汝。"最后一句,也作"我自来迎接"。

但《乐府诗集》中所收的《桃叶歌》另有三首:

"桃叶映红花,无风自婀娜。春花映何限,感郎独采我。"

"桃叶复桃叶,桃叶(或作"树")连桃根。相怜两乐事,独使我殷勤(或作"缠绵")。"

"桃叶复桃叶,渡江不待橹。风波了无常,没命江南渡。"

有人分析,这四首诗歌中,一、三两首是王献之的口吻,二、四两首则是桃叶的口吻,读起来有一种唱和的韵味。不过历来都将四首统归于王献之名下,就算是桃叶的口吻,也是王献之模仿桃叶口吻而作。这种代妻妾情人立言的玩法,在古代文人骚客中并不少见。

"渡江不用楫"、"渡江不待橹"的意思,是说江上风急,无须用(或无从用)楫、橹,巧用帆樯借助风力便可渡过。"但渡无所苦",自是岸上的王献之在宽慰船上的桃叶。而作桃叶口吻的"风波了无常,没命江南渡",一样是说风波,感受是大不相同的。

必须说明,桃叶渡的位置现在秦淮河北岸,而王、谢家族聚居的乌衣巷则在秦淮河南岸。南岸也有渡口,同样名传千古,即六朝秦淮四航中的骠骑航。因此可以肯定桃叶渡不是王献之迎送桃叶的地方,而只能是桃叶独自南归时登船的渡口。明知风波无常,仍要搏命南渡,尤可见出桃叶的真情。(图001)

自此之后,桃叶渡被历代诗人吟咏不绝。然而原本至关紧要的"风波"二字,却渐渐淡出,化为桃红柳绿的"渡头春水"。这也难怪,今人身临其境,沿河两岸的风光另作别论,首先入眼的便是水面狭窄,不过一二十米,实在想象不出如何兴风作浪。

这疑问并非自今日始。早就有人将那归结为诗人的夸张,更有人怀疑当年的桃叶渡本不在此处。《隋书·五行志》中有这样一段记载,说南朝陈时,江南

图001　清人画,桃渡寻诗

到处传唱王献之的《桃叶歌》。不久隋晋王杨广率军伐陈,在江北六合县境内的桃叶山下安营扎寨,陈朝降将任忠为隋军做向导,隋将韩擒虎遂乘南朝船只渡江,正应了歌词中的"但渡无所苦,我自迎接汝"。后世遂有人提出,桃叶渡应该在韩擒虎渡江处,才与《桃叶歌》中的描绘相符。清代嘉庆年间吕燕昭修《江宁府志》,竟确指桃叶渡在六合桃叶山下。

桃叶山下的渡口自然可以称桃叶渡,但王献之的桃叶渡,肯定是在秦淮河上。吕燕昭犯此错误,是因为他不了解秦淮河的历史变迁。

六朝时的秦淮河,确曾是一条波涛汹涌、风波无常的大河。

## 史前时期的秦淮河

在《南京城市规划志》中,可以看到一幅"史前时期古河道位置示意图",距今两三万年前,南京地区水域的分布远远大于现代。长江东岸大致在今天的外秦淮河一线。秦淮河宽达数百米,由东南而来,在城南武定门节制闸一带入城,一支西行,在凤台山与石头山(今清凉山)之间与长江相通;一支则经淮青桥、浮桥一线北行,浩浩荡荡穿过南京城区,从鸡笼山和覆舟山之间的垭口穿出,折向西北,由今金川河下游一线,在狮子山东侧进入长江。也就是说,当时玄武湖(古桑泊)与金川河都是秦淮河入江水道的一部分。其间的山丘岗地,犹如水中的小岛。

这幅"古河道位置示意图",是一九八三年进行地质钻探,以发现埋藏在地表之下的秦淮河古河道为依据绘制的。而北行的秦淮河古河道,大约在三千多年前才消失。(图002)

直到六朝时期,长江的入海口还近在京(今镇江)、广陵(今扬州)一线。西汉枚乘在《七发》中描写广陵潮,"蹈壁冲津,穷曲随隈,逾岸出追,遇者死,当者坏","鸟不及飞,鱼不及回,兽不及走。纷纷翼翼,波涌云乱。荡取南山,背击北岸,覆亏丘陵,平夷西畔。险险戏戏,崩坏陂池",虽出于文学语言,并不是凭空虚构。而在史前时期,长江的入海口肯定离南京更近,南京的一片汪洋,也就可想而知。

当然,这里提到的所有地名,那时都不存在,只是为了叙述的方便,借用了

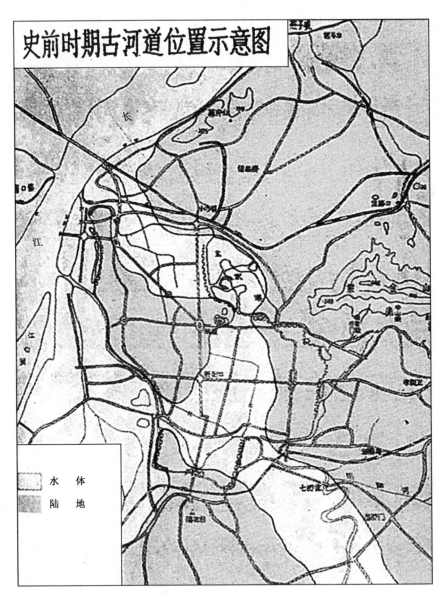

图002 古河道位置示意图

后世的地名。秦淮河初称"龙藏浦"、"淮"、"淮水"、"小江",直到唐代才始见"秦淮"之名,这里也就统称为秦淮河了。

此后,随着长江入海口东移、南京地区水位降低,水面逐渐收窄,河水冲积形成的陆地渐渐扩大。距今三千多年前,秦淮河主流在鸡笼山、覆舟山一线被阻断,山南河道消失,山北形成玄武湖和金川河流域。凤台山与石头山之间的莫愁湖一带,遂成为秦淮河的入江口,而当时莫愁湖也还是长江的一部分。此后南京地区水系以清凉山、五台山、鼓楼一线为分水岭,形成南部的秦淮河水系和北部的金川河水系。

现在的老城南部,水西门、新街口、浮桥、逸仙桥、瑞金新村、通济门一线以南,被称为秦淮河河谷平原。元孔齐《至正直记》卷四载:"尝闻金陵城中人,有于延祐间掘井,深及数丈,遇巨木阻泉,复广掘,木之两头处不得见,遂凿断出之,长二三丈,高广数尺,磨洗认之,乃香楠也。此地岂非万余载耶,乃有是木,意当时必江水也。俗所谓海变桑田,容有是乎。"孔齐的推测居然大致符合南京的地理变迁。清甘熙《白下琐言》卷三中说:"金陵地势,北高而南卑,取黄土者皆在永庆寺、五台山一带。城南土色皆黑,黄者绝少。予家穿井,下及三丈,犹见砖石,知前代为平地,日积月累,久而至此。高岸为谷,深谷为陵,岂虚语哉。《县志》亦云:贡院旁掘地数丈,犹见瓶盂之属。"这也是夫子庙到甘熙故居一带,确属河道淤积而成的一种佐证。不过甘熙没想到是砖石瓶盂沉于数丈深的河底,误以为河底是前代的平地。而城市北部,大方巷、萨家湾、兴中门一线以北,许府巷、紫竹林、四平路一线以南,被称为金川河河谷平原。按照美国城市学家刘易斯·芒福德的理论,城市首先出现在大河流域,是一个世界性的规律。古城南京诞生于秦淮河与长江的交汇处,正符合这一规律。即此而言,秦淮河被誉为南京的母亲河,当之无愧。

直到新石器时期,南京地区除小山丘陵之外,多为河湖沼泽,适宜人们选择居住的,则是较为高爽的近水台地。一方面,人类生存离不开水,饮水用水,捕捞水产,农田灌溉,交通运输,都以临水而居为便利;另一方面,当时人们还无法抵御水患的威胁,只能选择洪水不易到达的高处。从考古发现可以看出,他们往往在水畔的一级台地种植农作物,二级台地建造居宅村落。南京主城区内时代最早的新石器时期遗址,是金川河流域的北阴阳营文化遗址,长约一百五十米,宽约一百米,在二十世纪五十年代考古发掘时,还高出平地约七米。由史前考古得知，新石器时期，从鼓楼冈到鸡笼山、覆舟山，都是茂密的原始森林和灌木，林间生活着斑鹿、麋鹿、豪猪等多种野兽；山冈的周围，是大片的湖泊和沼泽，水中生活着鱼、蚌、龟、鳖，可供先民狩猎捕捞。而沼泽逐渐演化形成的肥沃平原，有利于农业耕作。先民们就选择了这山、水、林、原之间的一个椭圆形台地，作为他们的安身立命之处。

## 越城、金陵邑与秦淮河

　　春秋战国时期，吴楚相争，吴越争霸，是江南地区早期发展史中的重要事件。曾经王霸天下的吴国，终因穷兵黩武，在周元王三年（公元前四七四）被复兴的越国所灭。吴国的领土都成了越国的疆域，而南京地区则成了越国与西方楚国、北方齐国对峙的前锋。周元王四年（公元前四七三），雄心勃勃的越国，在秦淮河南岸建造越城，被认为是南京建城之始。

　　越国人没有继续向秦淮河北岸推进，是因为当时秦淮河过于宽阔，河北岸几无人烟，又难以与南岸相呼应，缺少开拓的价值。

　　一百多年后，周显王三十六年（公元前三三三），因为越军攻楚，楚威王趁机兴兵伐越，杀了越王无疆，一直打到浙江（今钱塘江）北岸。战后，楚军在南京石头山上设置金陵邑，同样是作为楚国的前沿军事据点，以显示对新占有土地的控制。而金陵邑择址石头山，一方面是楚国水军沿长江往来，石头山下的天然良港便于交通；一方面，石头山恰又是北岸距秦淮河最近的制高点。楚军没有越过秦淮河深入内陆，却对石头山下游到栖霞山的沿江一线，做了一定程度的开发。这一带在新石器时代即为原始村落较为集中的地区，又得水运交通的便利，军队的往来与驻扎，对于农产、商贸和运输的发展都有一定的促进。所以后来秦始皇会在此立江乘县。

　　由此可见，越国和楚国，都是把宽阔的秦淮河作为前方自然屏障。越城和金陵邑的选址，都不是拍脑袋突发奇想的结果，这看似孤立的两个点，其实都与秦淮河密切相关，是基于当时地理形势和军事需要作出的明智选择。（图003）

　　又一百多年后，秦始皇三十七年（公元前二一〇）冬第五次东巡，经过南京地区。后人曾编造出秦始皇欲破"金陵王气"，下令凿断"金陵长垄"以通淮

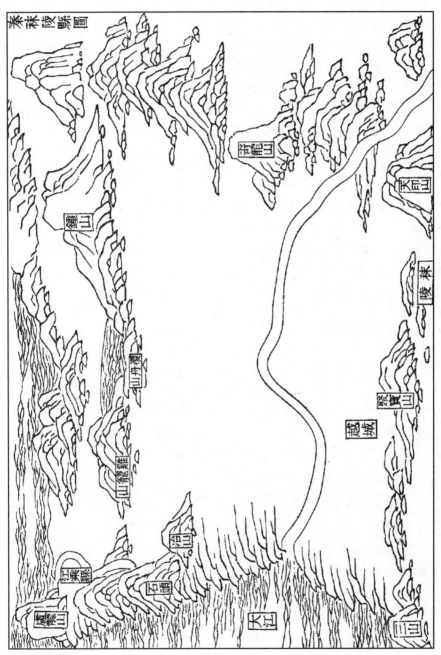

图003 《金陵古今图考》中的秦秣陵县图

水的传说。《建康实录》中记载了这个颇有传奇色彩的故事,说秦始皇在江乘渡江时,"望气者云:'五百年后,金陵有天子气。'因凿钟阜,断金陵长陇以通流,至今呼为秦淮。乃改金陵邑为秣陵县"。因为秦淮河"分派屈曲,不类人功",其形态不像人工运河,许嵩明确表示"疑非秦始皇所开"。而且秦始皇第五次东巡往返路线明确,据《史记·秦始皇帝本纪》载,东进时沿江而下,在安徽登岸,经丹阳至钱塘,返程时从江乘渡江北去。这里所说的丹阳,不是今属镇江的丹阳,而是以江苏、安徽交界处小丹阳镇为县治的古丹阳。江乘县的县治设在栖霞山下,今尚有江乘村。可见秦始皇返程时的路线,是从钟山的东面北行到栖霞山西边的江乘。也就是说,他恰恰丢下了今天的南京主城区,可见当时那一带不但没有什么值得巡视的内容,而且可能连交通道路都没有。至于隔着一座钟山和大片的原始森林,就能望出金陵五百年后的"王气"来,也让人难以置信。由此后推五百年,正值东晋在南京建都,这神话应该是需要"金陵王气"的晋人编造出来的。这个问题,我会在《"金陵王气"》一文中详作剖析。

## 秦淮河之名始于唐代

秦淮河的得名,确实是因为这个传说。唐代以前,史籍未见"秦淮"之名。玄宗开元十五年(七二七)前后徐坚等撰《初学记》卷六,始见秦淮:"孙盛《晋阳秋》曰:'秦始皇东巡,望气者云,五百年后,金陵有天子气,于是始皇于方山掘流,西入江,亦曰淮。'今在润州江宁县,土俗亦号曰秦淮。"可知秦淮这个名字,是民间先叫起来的,后来被访旧怀古的文人所接受。天宝九年(七五〇)李白作《留别金陵诸公》,有"至今秦淮间,礼乐秀群英"的诗句;至德元年(七五六)许嵩撰写的《建康实录》中,则称"至今呼为秦淮",可见其时"秦淮"之名已流布有年。半个世纪后,杜牧写下了名作《泊秦淮》:"烟笼寒水月笼沙,夜泊秦淮近酒家。商女不知亡国恨,隔江犹唱后庭花。"随着这首诗脍炙人口,秦淮之名也就不胫而走。(图 004)

如果说秦淮河的得名是出于误会,也是一个美丽的误会。

此外,《太平御览》卷六十五"秦淮水"条目,引录文字四条,第一条:"《江宁图经》曰,淮水北去县一里,源从宣州东南漂[应为"溧"——本书方括号内的注

图004 清人画,秦淮放舟

释均为笔者所注]水县乌刹桥西入,百五十里。"第三条:"《丹阳记》云,建康有淮,源出华山,入江。"第四条:"徐爰《释问》云,淮水西北贯都。《舆地志》云,淮水发源于华山,在丹阳、湖姑["姑"字衍]熟之界,西北流经建康、秣陵二县之间,萦纡京邑之内,至于石头入江,悬流三百许里。"这三条文字明晰。而第二条:"《舆地志》云,秦始皇巡会稽,凿断山阜,此淮即所凿也。亦名秦淮。孙盛《晋春秋》亦云是秦所凿。王导令郭璞筮,即此淮也。又称未至方山,有直渎行三十里许,以地形论之,淮发源诘屈,不类人功,则始皇所凿,宜此渎也。"其中"亦名秦淮"若属《舆地志》原文,则秦淮得名似应早至南朝梁、陈间。但此条系汇抄多种文献,《舆地志》外,《晋春秋》即《晋阳秋》,王导令郭璞筮,说"淮水绝,王氏灭",始见《晋纪》,这两种都是东晋人著述。"未至方山"以下则出于《建康实录》。且此条中引文都非原文照引,而系摘编,行文明显是《太平御览》编者的口吻。此外,如《舆地志》确曾言"亦名秦淮",则《初学记》不应说"土俗亦号曰秦淮"。总之,六朝文献中均未见秦淮之名,"亦名秦淮"四字即出自唐以前之书,也属孤证,考据学的原则是孤证不立。

## 六朝秦淮波涛汹涌

　　《桃叶歌》中，一再写到"渡江"，就是因为水面宽阔的秦淮河，当时常被人称为"小江"。如《三国志·张纮传》裴松之注中，引用了《献帝春秋》的一段文字："刘备至京，谓孙权曰：'吴去此数百里，即有警急，赴救为难。将军无意屯京乎？'权曰：'秣陵有小江百余里，可以安大船。吾方理水军，当移居之。'"这长达百余里、可以通航大船的小江，说的便是秦淮河。相对于习称大江的长江，它自然只能算小江。据现代测量，秦淮河从源头溧水与句容起算，经江宁方山合流，北行到南京城东，在七桥瓮一带折而向西入城，再出城汇入长江，全长约一百一十公里。孙权当年不可能作精确测量，也未必追溯源头，"百余里"只是个概数。《太平御览》卷六十五引顾野王《舆地志》说淮水"悬流三百许里"，可见南朝梁时对秦淮河的了解已经准确多了。

　　东晋时的秦淮河究竟有多宽，也是有据可考的。《建康实录》卷七载，咸康二年(三三六)"冬十月，更作朱雀门，新立朱雀浮航"，重建秦淮河上的浮桥，"亦名朱雀桥"，也称大航。许嵩注文说："案《地志》：本吴南津大桥也。王敦作乱，温峤烧绝之，遂权以浮航往来。至是，始议用杜预河桥法作之，长九十步，广六丈，冬、夏随水高下。"杜预是西晋军事家，他的"河桥法"是"造舟为梁"，也就是以船搭成浮桥，"随水高下"也说得很清楚。浮桥的长度，即相当于河面的宽度。晋代一尺合今二十四点五厘米，一步六尺，九十步约合今一百三十二米。这还是"冬十月"枯水季节的宽度，春、夏水涨之际，肯定会宽于此。按照常理，造桥总是选择河面相对较窄的地方，所以别处的河面很可能更宽。

　　东晋朱雀桥的位置在中华门东面长乐渡一带，当今信府河中段，通大油坊巷，而桃叶渡接近秦淮河与青溪的交汇处。需要说明的是，我们现在看到的桃叶渡，秦淮河水是沿着城墙北行至东水关进城的，但是在南唐建金陵城之前，从东面浩浩荡荡而来的秦淮河水，自然没有城墙约束，应该是在赤石矶北端、白鹭洲公园一带即进入城区。换个角度说，从武定门节制闸到淮青桥一带都是水面，白鹭洲公园正是古代秦淮河河道的遗存。直到明代晚期，桃叶渡旁尚有柳浪湖，白鹭洲公园以西与夫子庙前秦淮河之间，仍是一片沼泽。二十世纪八十

年代,园内湖水东边仍直抵城墙根,城外就是从东而来的秦淮河。(图005)

六朝时长江入海口离南京不远,台风海啸,海水沿长江倒灌,常使秦淮河泛滥成灾。就连东吴的皇宫,也还不能完全避免水灾的威胁。《建康实录》卷二记载,东吴太元元年(二五一),"八月朔,大风,江海溢,平地水一丈。右将军吕据取大船以备宫内,帝闻之喜。"平地水深一丈,建业宫城也被洪水围困,孙权得知有船来救援,十分高兴。同书卷九载,东晋太元十三年(三八八),"冬十二月戊子,涛水入石头,毁大航,杀人"。太元十七年(三九二),"夏六月癸卯,京师地震。甲寅,涛水入石头,毁大航"。卷十载,元兴三年二月,"庚寅夜,涛水入石头,漂毁大航,杀人,其声动天"。卷十七载,梁天监六年(五〇七),"八月戊戌,大风折木;京师大水,涛入御道七尺"。《景定建康志》卷四十二《灾祥》中记载六朝大水、涛水共十次。《客座赘语》卷一中提到六朝建康的水灾:"考前史,吴太元元年八月大风,江海泛滥,平地水数丈。东晋时,涛水入石头者再,四坏大航;至义熙十一年,大水毁太庙。梁天监六年,大水涛入御道七尺。则六代时水患之烈,又有甚者矣。"据陆游《南唐书》,昇元六年(九四二),还有"都下大水,秦淮溢"的记载。

由此可知,桃叶渡出现波涛风浪,翻船溺人,并不奇怪,桃叶才会有"风波了无常,没命江南渡"的感叹。

桃叶渡是六朝南京的一个重要渡口。由此乘船出发,可以沿秦淮河顺流入江;可以溯秦淮上游,转入南运河前往苏、杭;也可以由青溪北行进入六朝宫城区。而由桃叶渡和白鹭洲公园的位置,我们也可以推测,当年乌衣巷的位置不会是在今文德桥畔,应该更往南一些,至少须到今长乐路一线。《白下琐言》卷二中称"今剪子巷,盖古乌衣巷,晋时王、谢多居此",剪子巷尚在长乐路之南,近中华门一线了。南宋张敦颐《六朝事迹编类》:"桃叶渡,在县南

图005　清版画,长桥选妓

图006 明版画,乌衣晚照

一里秦淮口。""乌衣巷,在县东南四里。《晋书》:王导、纪瞻宅皆在此巷。"其间相隔有二三里之遥。而在东晋时,这二三里很可能大部分是水面。(图006)

因为水面过于宽阔,也因为这个渡口不仅用于摆渡到对岸,所以自六朝迄隋唐,这里一直没有修造桥梁。据《儒林外史》中的描写,直到清代乾隆年间,从桃叶渡登船,还可以一直荡到进香河。所以桃叶渡才会留下那么多迎来送往、离情别绪的诗词。

六朝秦淮河面宽逾百米,也已被近年的考古发现所证实。二〇一〇年春,南京市博物馆考古部在老城南颜料坊地块的考古中,发现了秦淮河岸边一处古码头驳岸遗址,可以清晰地看出六朝至南唐的码头变迁状况。王志高先生邀我前往观看,根据现场测量,六朝时期的两岸码头之间,相距约在一百米;隋唐时期的码头,单侧收窄约五米,烧结土的驳岸地面也较六朝稍低。而宋代的河面,据文献记载,则急剧收窄,仅剩四五十米。南宋周应合《景定建康志》卷十六记载,南宋乾道五年(一一六九)建康府留守史正志重修镇淮桥和饮虹桥,修镇淮桥时,建康府观察推官丘崇作《记》,说到两桥的长度和宽度:"因民所欲,为作而新之,率增其旧四之一。镇淮长十有六丈,为二亭其南,属民以诏令;饮虹长十有三丈,加屋焉,凡十有六楹,而并广三十有六尺。"宋代一尺约合三十一厘米,十六丈约合五十米,十三丈约合四十米。此后开禧元年(一二〇五)丘崇重建,"纵横广袤,一视前日";宝祐四年(一二五六),马光祖重建,"修、广如其旧"。在那近百年间,两桥的长度至少是没有发生太大的变化。

新建二桥"率增其旧四之一",都比旧桥长了四分之一,由此可以知道,北宋时期的河道宽度要较此更窄。也就可以断定,正是北宋年间,南京处于一个严重枯水的时期,导致秦淮河水面大幅收窄。

前面说过,新石器时期,秦淮河宽达数百米,玄武湖尚是秦淮河入江水道的一部分。可见在南京地区,水面收缩、水位降低,是一个大趋势,而遭遇气候寒冷时期变化就更为明显。北宋时期正是中国历史上的一个极寒时期。其时南京地区水位偏低,另有重要证据,就是玄武湖因枯水而严重淤塞,所以王安石于湖心开挖十字河泄水,即可进行围垦。而李白诗中"二水中分白鹭洲"的景象,也是在那一时期消失的。这一点,在《"二分中分白鹭洲"》一文中会作详细介绍。

## 北宋以后水枯河窄

南唐建金陵城时,秦淮河两岸居民已相当密集,而城墙的建造,使得城市空间有了明确的限制,所以到北宋时期,因枯水空出的河岸,很快被居民占据利用。这不是我的揣测,同样有文献依据为证。

《宋史·河渠志》中,有这样一段记载:"乾道五年,建康守臣张孝祥言:'秦淮之水流入府城,别为两派,正河自镇淮新桥直注大江;其为青溪,自天津桥出栅寨门,亦入于江。缘栅寨门地近为有力者所得,遂筑断青溪水口,创为花圃,每水流暴至,则泛溢浸荡,城内居民,尤被其苦。若访古而求使青溪直达大江,则建康永无水患矣。'既而汪澈奏,于西园依异时河道开浚,使水通栅寨门入,从之。"

南宋乾道五年(一一六九),距北宋灭亡才四十三年。天津桥即今内桥,栅寨门即今涵洞口,张孝祥所说的青溪,今称秦淮中支,其内桥以东段旧属青溪。这个"有力者"敢于筑断栅寨门出水口,也证明了其时秦淮中支水流量相当小,想其花圃中亦留有水道,平时足以泄水,所以逢春夏多雨,"水流暴至"才会泛滥成灾。也可能到乾道年间,因气候逐渐转暖,降水量较前增加,所以水患就突出了。"从之",是说皇帝同意了这个办法,于是仍按原来的水道,打通了栅寨门的出水口,才解决了水患问题。

这里透露了两个信息。其一,南宋初年,江中白鹭洲尚能中分二水,长江东岸仍在今外秦淮河一线,所以秦淮河和秦淮中支都是直接流入长江的。明万历间顾起元《客座赘语》卷十中论及此事,也说:"宋时今水西、旱西二门外,似未有土地如今日广远,石城下即临江"。其二,由原"运渎东源"西延至涵洞口的秦淮中支,凸显为横贯东西的重要水道,并且被视为秦淮河的支流,说明当时青溪和运渎水系也已经大部湮没。宋人认为这是南唐建城的影响,实则更重要的决定因素,当是北宋时期因气候极寒而导致的枯水。

此前张孝祥还向皇帝提出过一个建议,说秦淮河水从上水门入城,下水门出城,"旧上、下水门展阔,自兵变后砌叠稍狭,虽便于一时防守,实遏水源,流通不快;兼两岸居民填筑河岸,添造屋宇,若禁民不许侵占,秦淮既复故道,则水不泛溢矣。又府东门号陈二渡,有顺圣河,正分秦淮之水,每遇春夏天雨连绵,上源奔涌,则分一派之水,自南门外直入于江,故秦淮无泛溢之患,今一半淤塞为水田,水流不通,若不惜数亩之田,疏导之以复古迹,则其利尤倍。"但皇帝没有接受他的建议,后来也是同意了汪澈的办法:"其后汪澈言,水潦之害,大抵缘建康地势稍低,秦淮既泛,又大江湍涨,其势溢溢,非由水门窄、居民侵筑所致。且上水门砌叠处,正不可阔,阔则春水入城益多。自今指定上、下水门砌叠处不动,夹河居民之屋亦不毁除,止去两岸积坏,使河流通快。况城中系行宫,东南王方,不宜开凿。从之。"

张孝祥认为秦淮河发生水患的原因,一是南宋初年,为加强防御,将上水门和下水门砌窄;二就是"居民填筑河岸,添造屋宇";三是秦淮河水入上水门之前,有一支分流为东面和南面的城濠,至城西南角入江,现"一半淤塞为水田",肯定也是在水位较低时被居民围河造田了。他打算拆除河岸建房,毁田还河,恢复旧时的水道。但汪澈认为,"水门窄、居民侵筑"都不是水患的根本原因,他的意见是水门不动,民房不拆,只需清除河道淤枳,保证水流通畅,就可以解决问题。

这位汪澈,在隆兴二年(一一六四)任建康知府,是张孝祥的前任。张孝祥关心民间疾苦,但对于处理水患,显然不及汪澈,所以宋孝宗两次都接受了汪澈的建议。汪澈在任时应该就已看到了这些问题,而且了解关键所在,可能当初问题还不那么严重,遂未及时处理。

居民在空出的河岸上建房,一方面要解决斜坡上的地基平整问题,一方面也要防备河中水位再次升高遭淹,所以多在河岸坡地上垒砌地基,以与岸边地面取平;也有人在坡地上树立木桩为支柱,在其上建房,有类于湘西的吊脚楼。这就形成了南京秦淮"河房"的两种主要建筑形式。这两种河房,都有下达河面的阶梯,以便取水用水。南京的"人家尽枕河"是面街背河,与苏州人家的面河而居不同,就是这个原因。(图007)

因为功能需要而产生的河房、河厅,遂成了秦淮河沿岸建筑的特色形式。河房前面街后临水,上下通达,便于与河上的航船互动,正是秦淮画舫繁华的重要因素。更有沿河人家,得寸进尺,再向水面上修建凭水河厅、水亭、露台,桩基插入河中,导致河岸的进一步淤窄。如此恶性循环,秦淮河终于失去了当年的壮阔气势。

清代乾隆年间居住在秦淮水亭附近的吴敬梓,写过这样一首《桃叶渡》诗:"花霏白板桥,昔人送归妾。水照倾城面,柳舒含笑靥。邀笛久沉埋,麈扇空浩劫。世间重美人,古渡存桃叶。"邀笛步,王献之的哥哥王徽之曾在这里邀名士桓伊吹笛;麈扇渡,晋永嘉元年(三〇七),顾荣麈白羽扇大败叛将陈敏的地方。这两个与著名士人有关,属于大风雅的名迹,都无踪影可寻了,只有桃叶渡还被人纪念着的原因,吴敬梓认定为"世间重美人"。

看不到"没命江南渡"的无常风波,桃叶的精魂也就难以为人理解,只落得与"秦淮八艳"一样以色媚人了。

图007 老照片,秦淮河房

# 运渎、潮沟和青溪

六朝时期,南京城区的重要水道,除了秦淮河,就数运渎和青溪了。由于这两条水道湮没已久,宋代以后的文献即语焉不详。历代方志对于运渎与青溪水道,虽有记载,但多承续旧说。晚清重要的方志学家陈作霖,居家近运渎,曾专门撰著一部《运渎桥道小志》,但由于对运渎六桥中北段三桥的位置判断有误,所以对运渎河道的走向描述也不尽正确,而其说法对后世影响颇大。

读六朝历史,时涉运渎、青溪,而六朝的都城建设更直接受到运渎与青溪的影响,弄不清它们的具体位置,就无从完整认识六朝都城面貌,诸多史事也难以得到正确的理解。

然而,在城市面貌发生巨变的今天,实地探寻运渎与青溪的流域,除却考古发掘,已经没有可能。我所能做的工作,主要还是从历史文献中寻找踪迹。同时,因为南唐建造金陵城,对青溪的湮没已产生重要影响,所以南唐以前的文献记载,相对而言更值得注意。这其中对于运渎和青溪记载较详的,首推唐许嵩所撰《建康实录》。

《建康实录》卷二载:赤乌三年(二四〇)十二月,"使左台侍御史郄俭监凿城西南,自秦淮北抵仓城,名运渎。"注文说:"建康宫城,即吴苑城,城内有仓,名曰苑仓,故开此渎,通转运于仓所,时人亦呼为仓城。晋咸和中,修苑城为宫,惟仓不毁,故名太仓,在西华门内道北。"这是东吴境内转运粮草的一条新交通线,即由南运河到京(今镇江)入长江西行,至石头城上溯秦淮河,在今上浮桥附近进入运渎,北行抵达苑城内的仓库。同时,这也是吴都商业中心大市与宫城之间最便捷的运输线。

《建康实录》卷二又记赤乌四年(二四一)事:"冬十一月,诏凿东渠,名青溪,通城北堑、潮沟。"加上南面的秦淮河,建业城的四面,都有水道相环绕,成为都城的自然屏障,交通也大为便利。(图008)

运渎、潮沟和青溪

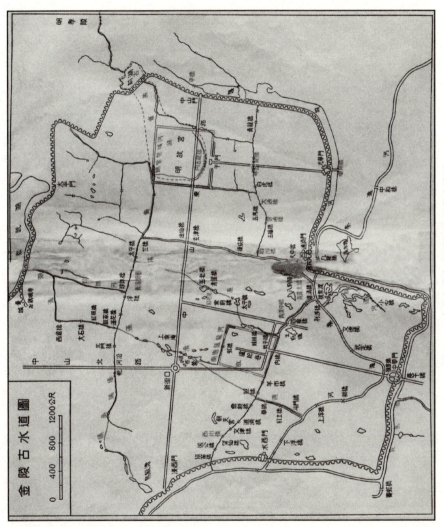

图008 《南京名胜古迹》中的金陵古水道图

这一句后的注文很长，涉及潮沟、运渎、城北堑与青溪四条水系，且是时代较早而较系统的叙述。这段注文被人广为引用，但常常是断章取义，有意无意地误解甚多，而中华书局张忱石点校本的点校错误亦多，也增加了误解误传。所以下面将其逐句分析，以求准确理解。

## 潮沟与城北堑

注文第一节说潮沟："潮沟亦帝所开，以引江潮。其旧迹在天宝寺后，长寿寺前。东发青溪，西行经都古承明、广莫、大夏等三门外，西极都城墙，对今归善寺西南角，南出经阊阖、西明等二门，接运渎，在西州之东南流入秦淮。"必须说明，这里所提到的城墙、城门和寺庙，都是东晋南朝渐次修筑，在东吴时是不存在的。唐代人许嵩依其所见进行描述，为了叙述的方便，本书也只能借助他的视角。

这是说潮沟水道，源自青溪，在覆舟山南麓由东向西流，经过建康都城北面三门，至归善寺西南角（归善寺在都城外偏北，对都城西北角），转而向南，经过都城西面阊阖、西明二门，连接运渎，运渎在西州城的东南角汇入秦淮。现在建康城的位置已经考古发掘得以明确，则我们可以知道，潮沟是建康都城北面和西面北段的城濠。准确地说，是后世修筑都城时，利用了既有水道为城濠，同时也可能对既有水道做了一定的调理。

"其北又开一渎，在归善寺东，经栖玄寺门，北至后湖，以引湖水，至今俗为运渎。其实古城西南行者是运渎，自归善寺门前东出至青溪者，名曰潮沟。其沟东头，今已湮塞，才有处所，西头则见通运渎，北转至后湖。"

这条水道，唐代人已弄不清楚，误称为运渎，实则仍是潮沟的一条支流，在归善寺东向北行以通后湖，引湖水补充潮沟水量。因为当时玄武湖尚与长江相通，所以注文开头说"以引江潮"。这条支流的位置，只有一个可能，就是史前秦淮河北行，经大行宫、浮桥一线通玄武湖的古河道，而覆舟山与鸡笼山之间的豁口，即今南京市府所在之处。今解放门附近武庙闸，仍为玄武湖与珍珠河之间的通道。潮沟东段通青溪处，在唐代已经湮塞，但北通后湖、南接运渎的部分尚可见。（图009）

注文第二节说青溪和城北堑的位置关系："其青溪北源，亦通后湖，出钟山西。

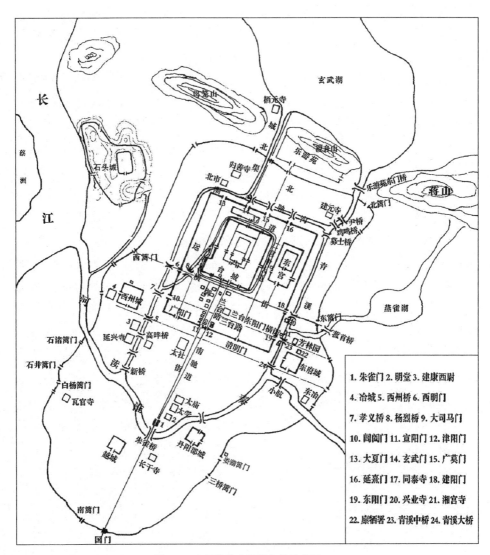

图 009　南朝梁代建康城布局示意图
（王志高复原）

今建元寺东南角,度溪有桥,名募士桥,吴大帝募勇士处。其桥西南角过沟有埭,名鸡鸣埭。齐武帝早游钟山射雉,至此鸡始鸣,因名焉。其沟是吴都尉所开,在苑陵后。晋修苑城为建康宫,即城北堑也。东自平昌门西出,经阊阖门,注运渎。今东头见在建元寺门,西头出今夏公亭前莓路,西至孝义桥入运渎。"

苑陵即苑城。城北堑也是开凿运渎的都尉所开凿的运河,因位于东吴苑城的北部而得名。募士桥是青溪上的桥,桥西南是鸡鸣埭,鸡鸣埭与今天的鸡鸣寺完全不相干,位于建康都城内的东北角。募士桥与鸡鸣埭之间的"沟"便是城北堑。由此可知城北堑水源自青溪。城北堑同样自东向西流,但如果认为其仍在都城北墙外,则其西段必然与潮沟相混。但平昌门是台城(宫城)的正北门,可见城北堑东段应从都城东北角某处进入都城,抵台城外,是建康都城北墙与台城北墙之间的水道,也就是台城北面及西面的城濠。可以推想,齐武帝上钟山,就是出平昌门,傍着这条水道向东北行,从鸡鸣桥过青溪,再东行上山。阊阖门是建康都城的西面偏南门,城北堑水至此流出建康都城。有人以为城北堑就是珍珠河,分析当时水系,珍珠河的水源只能来自城北堑,但并不能等同于城北堑。准确地说,珍珠河应是城北堑进入台城的一条支流。

前引赤乌三年记事的注文中说:"故开此渎,通转运于仓所",开凿运渎的目的是要让运输船只直接抵达苑仓。苑仓的位置,注文中也说到了:"晋咸和中,修苑城为宫,惟仓不毁,故名太仓,在西华门内道北。"说明苑仓是在台城的西北部。所以,城北堑必须流经都城西北,由运渎北上的运输船只,才能进入阊阖门,直接抵达苑仓。

## 阊阖门外太子西池

潮沟和城北堑交汇于阊阖门,也不是偶然的。因为这一带原本就是一片水面。

南朝宋刘义庆著、唐写本《世说新书·豪爽》载:"晋明帝欲起池台,元帝不许。帝时为太子,好武养士,一夕中作,比晓便成,今太子西池。"南朝梁刘孝标

注:"《丹阳记》曰:西池者,孙登所创,《吴史》所称西苑,宜是也。中时堙废,晋帝在东,更修复之,故俗太子西池也。"

《建康实录》卷二记东吴黄龙二年(二三〇)孙权所建太初宫,位于晋建康宫城西南,"今运渎东曲折内池,即太初宫西门外池,吴宣明太子所创,为西苑"。吴宣明太子就是孙登。"晋帝在东",是说晋明帝为东宫太子时。这里说明北行的运渎,至此有一个向东的转折,应呈现出自南向东北的流向。

同书卷七记东晋咸和七年(三三二)新宫建成,注文说:"其宫城西南角外本有池,名清游池,通城中,有乐贤堂,并肃宗为太子时所作。苏峻之乱,宫室皆焚毁,惟此堂独存。其西掖门外南偏,突出一丈许,长数十丈地。"可证清游池是在宫城之外、都城之内,也就是建康都城的西南角,而运渎自南来,正是在经过西池以后向东北转折。同书卷九记太元十年(三八五)夏四月事,注文引《地志》:"西池,吴宣明太子孙登所创,谓之西苑。中宗即位,明帝为太子,更加修之,多养武士于池内,筑土为台,时人呼为太子西池,今惠日寺后池也。"可见这西池的范围不小。《六朝事迹编类·太子湖》一条中,说太子西池"周回十里"。(图010)

近年考古发掘证明,台城西垣在网巾市、抄纸巷一线,南垣在游府西街、文昌巷一线。在晚清至民国初年的地图上,可以看到,自淮海路、户部街到铁汤池一带,仍散列着多个大大小小的池塘,而且从南向北,自今木料市、大香炉、明瓦廊到破布营、洪武路一线,正有一个明显的向东偏折,与上述水道恰相吻合,所以研究者多认为这即是运渎故道的遗迹。清游池的位置,应该就在铁汤池、户部街一带,正当台城西南角外。而阊阖门与孝义桥的位置,很可能就在今洪武路、羊皮巷一带。

这一节里,"经阊阖门,注运渎",与"西至孝义桥入运渎",两种说法若不矛盾,则必须满足一个条件,即孝义桥的位置就在阊阖门的西边,是都城出阊阖门过运渎的桥梁。但阊阖门和孝义桥的位置,现在都已无迹可寻。《六朝事迹编类·潮沟》一条中说:"《实录》所载,皆唐事,距今数百年,其沟日益堙塞,未详所在。"《建康实录》中所说的,都是唐人尚能看得到的情况,到南宋已经难以详考了。所以我们这里只能是根据历史文献,做一个大致的推测。

格致南京

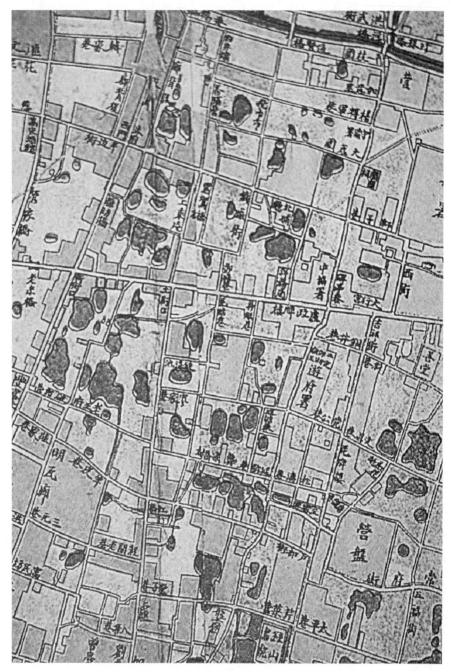

图010 民国地图，户部街一带

## 运渎六桥辨析

注文第三节说运渎上六桥的情况:"运渎旧有六桥。孝义,本名甓子桥。次南有杨烈桥,宋王僧达观斗鸡鸭处。次南出有西州桥,今县城东南角路,东出何后寺门。次南有高晔桥,建康西尉在此桥西,今延兴寺北路东度此桥。次南运渎临淮有一新桥,对禅灵渚渡。今之过淮水桥名新桥,本名万岁桥。"

这六座桥的位置,早已没人弄得清楚。陈作霖《运渎桥道小志》中,认为孝义桥即今绒庄街北口的鸽子桥,杨烈桥相当于评事街北口的笪桥,西州桥即望仙桥(已不存,原在文津桥与张公桥之间),将《建康实录》中所说的自北向南排列变成自东向西向排列,以及说东吴大市桥即今羊市桥,都让我难以相信。

然而,要想了解早已湮没的运渎水道,现在只能从这六座桥上找线索。这六座桥中的关键节点,我以为是下列三处。

第一处是运渎的南端起点,与秦淮河交汇处。幸而这点没有疑问,在斗(亦作陡)门桥路南端,邻近现秦淮河上的上浮桥。斗门桥路北接红土桥路(现并入鼎新路),在清代尚是河道,即运渎故道无疑,后逐渐湮没,其东侧先成道路,旧称红土桥河沿,一九三六年填平河道,遂成红土桥路。陈作霖认为斗门桥就是《建康实录》所说的对禅灵渚渡的新桥,即使不是原位,相去亦不会太远。

过淮水的万岁桥(唐代改名新桥),就在斗门桥南,自无疑问。准确地说,这桥已不在运渎上。运渎上的桥都是东西走向,而此桥当是南北走向。

第二处是运渎北端,与潮沟的交汇点,也就是孝义桥的位置。如前文所说过,很可能在洪武路、羊皮巷一带。

第三处就是西州桥。西州桥的位置至关重要,此桥位置倘能确定,则其南、北以至东、西各桥位置,都可以迎刃而解。(图011)

西州桥得名于西州城。《建康实录》卷一,述西晋永嘉年间王敦创立扬州城,"今江宁县城所置,在其西偏,其西即吴时冶城,东则运渎,吴大帝所开,今西州桥水是也"。注文说:"案《晋书》,孝武太元末,会稽王道子为扬州刺史,治东第,时人呼为东府;因号此城为西州。故传云东府、西州是也。桥逼州城东南角,

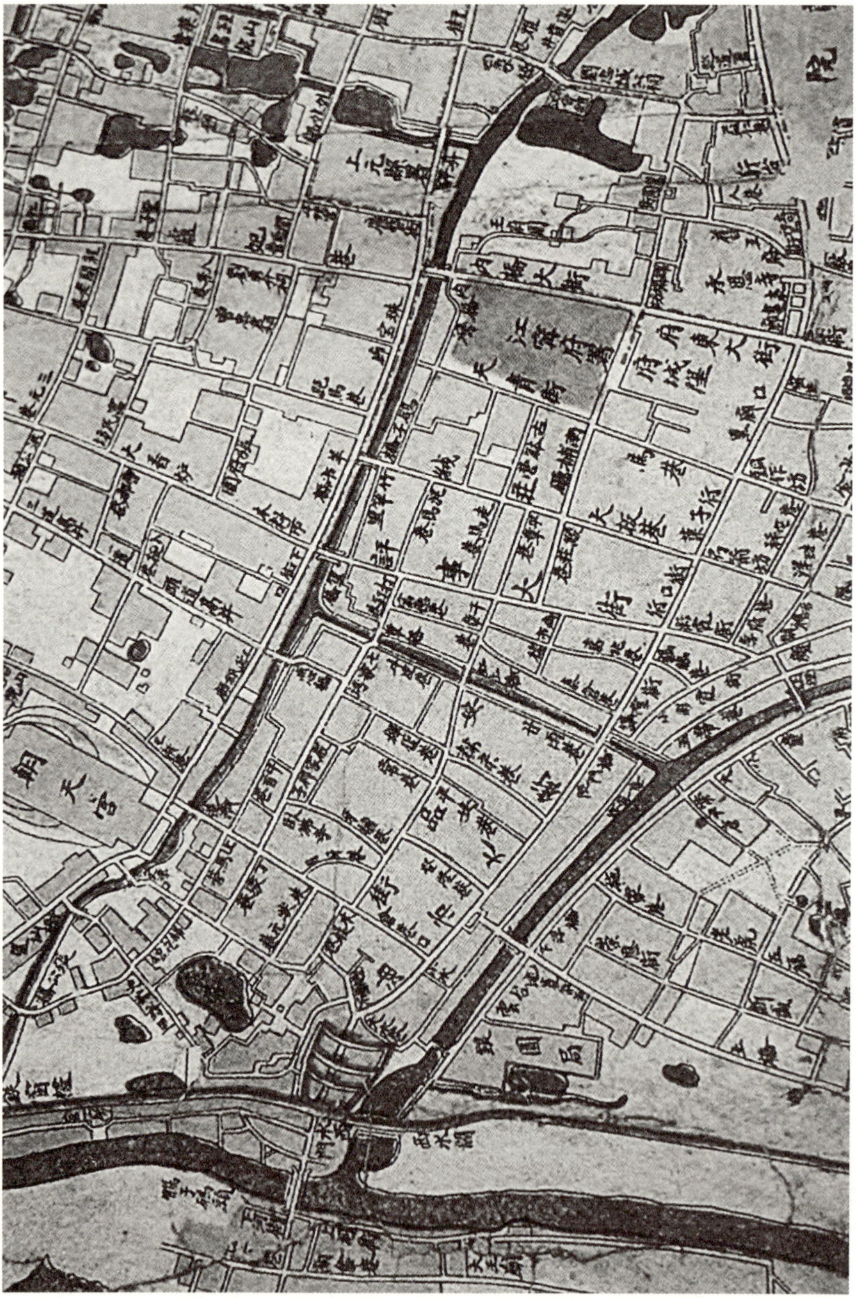

图 011 老地图,冶城、西州城一带

因为名焉。"

东晋会稽王司马道子任扬州刺史时,在今通济门附近兴建新的扬州治所,因位于西晋末年王敦所建的扬州治所东面,故称东府城,而当时人遂将原扬州治所称为西州城,也就是西面的州城。东、西是相对而言。西州城在唐代已不存,其旧址偏西部分新建了江宁县城。江宁县城西面即是冶城,现存的冶山是一个明确的地标。而西州城的东面则是运渎,也就是西州桥所跨的水道。所以注文说西州桥"逼州城东南角",紧贴着西州城的东南角。

前引注文第三节说西州桥的位置是"今县城东南角路,东出何后寺门"。何后寺即何皇后寺,《建康实录》卷八有记载,东晋孝宗时"置僧尼寺三所,何皇后寺,在县东一里,南临大道",也就是说,从江宁县城东南角还须再向东走一里左右,才是州城东南角;而寺南面是东西向的大道。

为什么西州桥紧贴着州城的东南角?因为运渎开凿在先,西州城兴建在后,西州城处理与运渎的关系,如果不打算把运渎包进城内,那么其东垣就必须在运渎之西;而出西州城南门,沿大道东行,又必须有桥跨越运渎。

高晔桥的位置也成为一个佐证。"建康西尉在此桥西,今延兴寺北路,东度此桥",建康西尉在桥西,延兴寺在桥西南,所以需要有桥通行。延兴寺,是东晋康帝时所建,《建康实录》卷八有载:"案《塔记》,帝时置两寺。褚皇后立延兴寺,在今县东南二里,运沟西岸。"这个距离,大致也就是高晔桥与江宁县城的距离,可见高晔桥位于西州桥的南面。换个角度说,西州桥位于原红土桥路北延线上,但不是现在的鼎新路。过去升州路至七家湾东口一段是红土桥路,七家湾东口以北接丰富路一段是鼎新路。现鼎新路将红土桥路并入,但北端接丰富路是向西拐了大弯的。

据此,我相信西州桥的位置,应在今天的笪桥附近,方为合理。应注意的是,现笪桥是南北向的桥,西州桥则是东西向的桥。须到南北方向的运渎河道湮没,只剩东西方向的秦淮中支时,原西州桥也随之消失,而只留下南北方向的笪桥了。

据《丹阳记》记载,西州城"开东、南、西三门",不开北门。其东垣既紧邻运渎,则东门外亦应有桥跨越运渎,这座桥便该是杨烈桥,其位置在笪桥的北面,应该与羊市桥尚有相当距离。

唐人看到运渎上有这六座桥,但这六座桥未必都是东吴所建,如杨烈桥,就

格致南京

更可能是晋人建西州城后所建。

西州桥以南的高晔桥和禅灵渚渡桥,《景定建康志》中说在当时的乾道桥和斗门桥附近。乾道桥至晚清尚存,在红土桥路北段。

因西州城不开北门,所以孝义桥与西州城的位置不必相关,而是建康都城西南出阊阖门跨越水道的桥,因为正当运渎与潮沟的交汇处,故可以将它算作运渎上的北面第一桥,也可以将它算作潮沟上的南面第一桥。因为建康城的地势是北高南低,运渎仅靠秦淮河的水源,很难抵达宫城和苑仓,而潮沟水自北向南则是顺势而下。

据此可见,运渎上的这六座桥,都是因现实交通需要而修建的,修建的时间也会有早晚,未必出于某种预先的规划,各桥之间的距离或长或短,也不会有一个定数。

## 青溪七桥见曲折

注文第四节说青溪七桥。当然这七座桥,同样也是唐代人所见的情况。

"其青溪上亦有七桥:最北乐游苑东门桥。次南有尹桥,今潮沟大巷东出度此桥。次南有鸡鸣桥,即《舆地志》所谓今新安寺南,东度开圣寺路度此桥。次南有募士桥。次南有菰首桥,一名走马桥;桥东燕雀湖,湖连齐文惠太子博望苑,隋末辅公祏筑其地为城;唐朝陆彦恭为江宁令,开金华坊,坊于郭东,东逼青溪,乃废菰首桥路,而于兴业寺门前东度溪,立桥名曰金华桥。次南有青溪中桥,今湘宫寺门前巷东出度溪,东有桃花园,是齐太祖旧宅,即位后修为园,亦名芳林园;王元长《曲水诗序》云'载怀平圃,乃眷芳林',即此园也。次南青溪大桥,今县东出向句容大路经此桥,东即陈五兵尚书孙玚宅,西即陈尚书令江总宅,与玚对夹青溪,俱在路北。陶季直《京都记》云,典午时,京师鼎族,多在青溪左及潮沟北。俗说郗僧施泛舟青溪,每一曲作诗一首,谢益寿闻之,曰:'青溪中曲,复何穷尽也'。"

乐游苑在今覆舟山,其东门桥当在覆舟山东。前文说"其青溪北源,亦通后湖,出钟山西",可见青溪与后湖的交汇处是在钟山与覆舟山之间,所以乐游苑东门桥是青溪北端第一桥,以满足从乐游苑东出交通需要。

乐游苑桥南面的尹桥,位于潮沟之东。按潮沟是建康城北面屏障,青溪是建康城东面屏障,所以尹桥应在建康城东垣的北延线上或稍偏东。

次南鸡鸣桥,与鸡鸣埭相近。前文已说过,鸡鸣埭位于建康城内东北角。这一段的青溪流向仍是自北而南。

次南募士桥,前文也已说过。其与鸡鸣桥相近,一在城北堑之北,一在城北堑之南。两桥都是位于建康城与钟山之间的通道。募士桥的位置,很可能就在今珠江路与龙蟠中路相交处的竺桥附近。(图012)

募士桥以北,直至后湖的青溪水道,基本上呈南北方向,紧邻建康城东垣。所以我认为,东吴赤乌四年"诏凿东渠,名青溪,通城北堑、潮沟",所谓东渠,就是后湖到募士桥的一段,而青溪与城北堑的连接点也正在这里。东渠该是工程进行时的名字,因为它位于潮沟、城北堑之东,待开凿完成,便归入青溪流域,都叫青溪了。如果说整个青溪流域都是东吴所凿,未免不现实,而且肯定不会有那么多曲折。但募士桥至后湖这一段,工程量并不比城北渠大,而且可能原来还有水道可以利用,所以能够很快完成。

菰首桥是一个重要的节点。一方面,它正对建康城东垣建阳门,位于横贯建康城的东西主干道东端;另一方面,它又位于青溪与燕雀湖的交汇处。同样源于钟山的燕雀湖,是青溪的东源,而且是自然形成的流域。菰首桥的位置并不就在建阳门外,而是向东尚有一段距离,所以其间有菰首桥路相通。这可以证明募士桥至菰首桥这一段青溪水道,呈西北—东南方向,应该也是自然形成的河道,所以偏离了建康城东垣。

唐代废菰首桥路,另在菰首桥西面近建阳门处建金华桥,应是因为青溪水道已发生变化,可能是自然变化,也可能是人工开凿,这一段青溪已呈现被拉直成南北向的趋势。《建康实录》卷七"作新宫,始缮苑城,修六门"下注文中说到:"唐景云年中,江宁县令陆彦恭于县东门金华坊东通青溪,乃废菰首桥路,而于兴业寺门前开大道,造金华桥,桥渡青溪,通润州驿。"但其时都城与青溪之间,尚容得下一个金华坊,可见尚未完全拉直。金华坊的位置,应该就是在原菰首桥路南北建筑基础上发展起来的。金华桥的位置,当在今元津桥与复成桥之间。

青溪中桥即今四象桥,传承较明确,为研究者所公认。在菰首桥与四象桥之间,青溪尚有一条支流,向西南流往昇平桥。昇平桥与四象桥的南面,直到清

格致南京

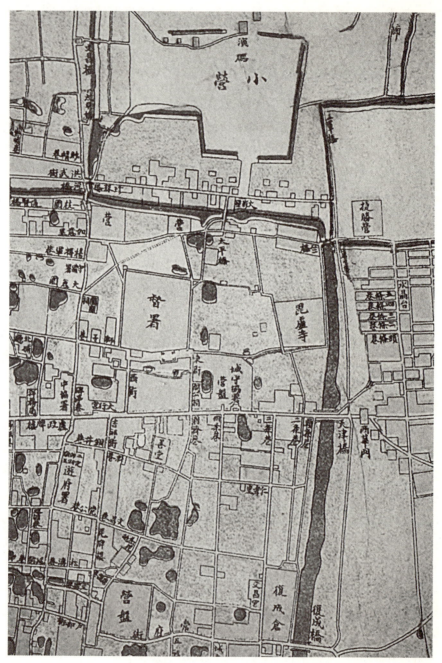

图012 老地图，竺桥南北

32

代仍是较大水面,后渐萎缩,被称为王府塘。

青溪过四象桥继续向东南行,与入城的秦淮河交汇,此处的青溪大桥,即今淮青桥。

前人说"九曲青溪",应该说的是青溪的自然流域,即从钟山西至燕雀湖,到菰首桥,西北通募士桥,西南向四象桥,再转向淮青桥,这还只是大的曲折,其间小的曲折肯定更多。

## 秦淮中支的形成和影响

上述水道之外,还有一段河道,即四象桥向西,经洪武路南端内桥、绒庄街北端鸽子桥连接西州桥的水道,相信也是这一时期所开凿的运河。这一段运河工程量不大,而将青溪与运渎、秦淮相连通,无论从交通运输的角度,还是水源相互调剂的角度,好处都是很大的。后世将这一段称作运渎东源,不是没有道理的。

因为内桥正处在建康城的御道也即南北中轴线上,所以习惯上以它作为青溪与运渎的分界,其东水道,无论自然还是人工,皆统称青溪,其西则称运渎。

《景定建康志》正是在这一段水道上发生了迷惑。该书卷十六《桥梁》一节中,在引述《建康实录》对运渎六桥的记载后说:"今宫城西北兴严寺前有沟,迤逦至清化市东,乃古运渎。但自此西南悉堙塞,不复可辨。虽东南为宫城西堑,疑非古迹。然由宫墙堑至清化桥西折,过钦化桥,再南则运渎旧迹复见,今乾道桥一带河是也。六桥所在,亦可仿佛得其次第。清化桥即闪驾桥;钦化桥即笪桥;今桥与名皆非旧矣。闪驾桥为景定桥;钦化桥为太平桥,皆马公光祖之所重建,详见于前。"

其前文说:"景定桥,在永宁驿北,旧名清化,俗呼闪驾桥。景定二年马公光祖重建,改今名,自书榜。跨运渎。"此桥即今绒庄街北口的鸽子桥,明陈沂《金陵世纪》有记载。"太平桥,在运司西南,旧名钦化,俗呼为笪桥。景定二年马公光祖重建,改今名,自书榜。跨运渎。"这两座桥跨运渎是不错的,但所跨并非东吴运渎正流,而是运渎东源。不过,《景定建康志》谨慎地用了"仿佛"一词,并没有肯定这说法,更没有确指景定桥为甓子桥,笪桥为杨烈桥。

其前文又说,西州桥"宜在今笪桥西",高晔桥"宜在今乾道桥左右",禅灵寺桥"宜是今斗门桥",因为当时这一段运渎尚存,应是不错的。

而陈作霖失误的原因,则是误将《景定建康志》的"仿佛"作了确认,更将"笪桥西"的西州桥直西推到冶山以西。

后世被认为属于运渎水道的,还有自西州桥向西,过七家湾北的小新桥(宋代名鼎新桥)、仓巷北口、冶城东的崇道桥(后名道济桥,今仓巷桥)、冶城西的文津桥、西止马营北的望仙桥(今不存),至栅寨门(亦名铁窗棂、铁窗子,今涵洞口)入江的一支。这是一段东西方向的水道,相信也是人工开凿的运河。《建康实录》这段注文中没有提及,所以其开凿时间也就没有定论。

《至正金陵新志》卷一述栅寨门:"《乾道志》云,栅寨门在城西门近南,凿城立栅,通古运渎,不详其始。复置闸以泄城内水,入于江,俗呼为栅寨门,今呼铁窗子是也。""不详其始",可见元代人已经弄不清其肇始。

栅寨门到冶城这段运河的开凿,我想最大可能也是在东吴时期,以便在冶城铸造的兵器,经此可以直接水运到军事要地石头城,而石头城中正有较大规模的兵器库。金属兵器很重,水运成本既低,也相对安全。运输便利,这也应是孙权选择冶山作为军工厂的重要因素之一。

但是,这条运河如果只开凿到冶城,单靠秦淮河水上溯,难以保证通航。因此必须另有水源,而东接西州桥,与青溪、运渎连通,同时也就成为青溪、运渎西面的泄水通道。这样,它既可以实现冶城与石头城的水上交通联系,使两城充分发挥战略要地作用,也可以调节几大水系,并作为建康城内的一条新交通干线。现在仍可以看到,从笪桥向涵洞口的河道,正从冶山南麓擦过,无疑又可以作为西州城南面的城濠。而西州桥以西的小新桥,当是正对西州城南门的桥。这也证明,我认为西州桥在笪桥附近的推测是较为合理的。(图013)

这条水道的形成,对于南京城市形态有重要影响。东晋南朝的建康都城南垣,即以秦淮中支为护濠。秦淮中支北侧形成了重要的东西干道,即今白下路、建邺路一线,也一直被作为上元、江宁两县的分界。南唐宫城的南垣,同样是以秦淮中支为护龙河,而宫城的位置决定着都城的规划,所以也就决定了金陵城的大致方位。

《宋史·河渠志》记载:"乾道五年,建康守臣张孝祥言:'秦淮之水流入府城,

运渎、潮沟和青溪

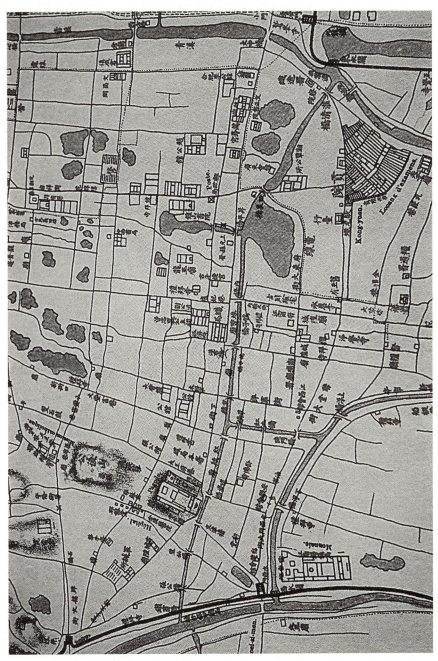

图 013 老水道图，秦淮中支

别为两派,正河自镇淮新桥直注大江;其为青溪,自天津桥出栅寨门,亦入于江。"这里说的镇淮新桥,即镇淮桥,因为乾道五年(一一六九)刚刚重建,故称新桥。在当时人的眼中,秦淮河自上水门进入城内,即分为两支,主流即"十里秦淮",经镇淮桥至下水门入江;被张孝祥称为"青溪"的一支,由淮青桥西行,"自天津桥出栅寨门,亦入于江",即今人所说的秦淮中支。天津桥即今内桥,因位于南唐宫城的南门外而得名。

由此可以知道,在南宋初年,由于运渎和青溪的大部湮没,尚存的部分中,最为人所重的就是成为东西交通干道的秦淮中支,其中交互的自然河道和人工运河已经难以区分,遂被视为秦淮河的一条重要支流。南唐建金陵城,秦淮中支是宫城区与市民区之间的界河;明初建都城后,秦淮中支更成为城南与城北之间的自然分界。

正因为西州桥处于南北、东西两条重要水道的交汇点上,其周围会形成一个商市圈,其北的西虹桥一带在明代成为大市,其东的鸽子桥、其南的评事街都会成为繁华商市,也就不奇怪了。

# 二十四航与四航

在古代南京,河流相当于城市的血管,为居民提供饮水、用水和交通运输的便利。但同时,河流又成为陆上交通的一种阻隔,因此,在道路与河流的交汇处,桥梁和渡口也就不可或缺。前文说到了运渎上的六桥和青溪上的七桥,史籍记载相当明确。而关于秦淮河及其支流上的桥、渡情况,却一直存在着不同的看法。主要的说法有两种,一说秦淮河上有四航,一说秦淮河上有二十四航,至今未有定论。

## 陈作霖的两个误判

陈作霖《运渎桥道小志》中,对古桥、古渡的误判,除了上文所说的,还可以举出两条。

其一,陈作霖认为鸽子桥北的羊市桥,"一名大市桥,吴时贸易之区也,古有建初寺在其地"。

羊市桥附近确实有过一座大市桥。《洪武京城图志·桥梁》中记会同桥:"在大市桥南,旧名闪驾桥,宋名景定桥,今名会同桥,跨运渎水。"又记大市桥:"在中城兵马司西,旧名西虹桥,今名大市桥。"同书所附《街市桥梁图》中,也可以清楚地看到会同桥与大市桥的位置关系。会同桥即今建邺路、绒庄街口的鸽子桥,西虹桥则是南唐宫城西垣城濠上桥。南唐城濠也不是运渎水道。

但《洪武京城图志》并没有说那就是东吴的大市桥。二〇〇〇年四、五月间,南京市博物馆考古人员在张府园小区工地进行考古发掘,在鸽子桥北端偏西约五十米处发现古桥遗址,由建筑结构、材料、桥砖铭文等考证,确认为明代大市桥遗址。

值得注意的是,大市桥遗址中,桥面在今地面二米之下,桥高约一点六米,则河道当更深。由此可见,我们今天探讨六朝以至唐宋古水道、古桥梁时,应该明白,它们可能都在地面之下数米,我们从地表所看到的各种痕迹,可能都不是当年的遗迹,而只是一种参照而已。曾听王志高先生说,南京老城区的文化土层,普遍深一米至二米,最深处达四米。二十世纪末,新街口附近管家桥埋设地下管道,我也看到当时路面之下近两米深处,仍有古代路面遗迹。(图014)

其二,陈作霖认为今秦淮中支南侧,东至鸽子桥、西至七家湾的竹竿里(今名竹竿巷),"即古之竹格巷,以临竹格渚而名。格、竿者,声之转也",并说竹格渚之水"实为运渎之东源"。

竹格、竹竿,因读音相近而转换,这种现象在南京古地名中不为少见。六朝竹格巷因通向竹格渚而得名,但竹格渚是六朝秦淮河上四航之一,向无疑问,史载东晋王含乱军曾从竹格渚渡过秦淮河,所以竹格渚肯定是在秦淮河上,不可能是在运渎的东源上。《建康实录》卷九明确记载,竹格渚在"今县城西南二里"。唐江宁县城的位置现无争议,在今冶山东麓,而七家湾则在江宁县城之东南。正德《江宁县志》卷五述竹格渡:"在宋县治西南二里,即竹格航。当在今下水门东南。"注文中说:"平陈,惟此渡独存。"所以此渡的位置,各书所记应不会错。

以此相较,竹格渚很可能就在今下浮桥附近。这个位置正当秦淮河的入江口,敌军沿江入淮,竹格渚首当其冲,所以在六朝时,会成为争战之地。

《建康实录》卷八谢尚传注文引《塔寺记》:"今兴严寺,即谢尚宅也,南直竹格巷,临秦淮,在今县城东南一里二百步。"由县城西南到县城东南,可见竹格巷确实是条东西向的道路,大略相当于今升州路下浮桥向东一段。

陈作霖的这两条误判,都牵涉六朝时秦淮河上的浮航。

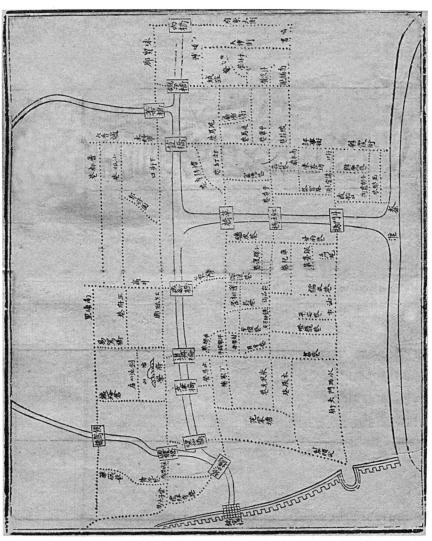

图 014 《运渎桥道小志》图

## 大市桥、禅灵渚渡和建初寺

不过，陈作霖想到大市与台城之间应有桥、渡相联系，是有道理的。如能确认东吴大市桥的位置，则对于六朝时期都城形势，当可以有更清晰的认识。

《太平御览》卷八二七引《丹阳记》："京师四市，建康大市，孙权所立；建康东市，同时立；建康北市，永安中立；秣陵斗场市，隆安中发乐营人交易，因成市也。"前三市都是东吴时所立。不过，市场是经济发展到一定阶段的产物，南京地区的商民交易，不会迟到东吴才开始。所以孙权的"立"，应该是建立市场的管理机构，或对原有市场进行规范，其目的则在于征税。为便于实施管理，这机构应建在商业区之中。

这个管理机构，或者说商业中心、物资集散中心，不可能与宫城之间没有交通联系。东吴时开运渎，打造这样一条交通线，其功能就是转运物资到都城。那么，在运渎开通之前，秦淮河上的相应位置肯定会有渡口，这个渡口就是运渎与秦淮河交汇处附近的禅灵渚渡。换个角度说，因为渡口以南的陆上交通道路也已形成，所以运渎的起点会选定在这里。在运渎通行后，这一渡口被归入运渎流域，也不会再去建造浮航，所以往往为人所忽视。而隋唐以后，附近又建起了桥梁，取代了这渡口。这桥梁就是《建康实录》中所说的新桥。新桥的"新"，应该就是相对禅灵渚渡或万岁桥而言的。

所以我相信，禅灵渚渡的位置，当在今红土桥路与新桥之间。二〇一〇年在老城南颜料坊地块考古中发现的秦淮河岸古码头驳岸遗址，应该就是古禅灵渚渡的遗迹。

如果沿着运渎走向，向秦淮河南岸划延长线，其所指向的就是凤台山。大市的位置，可以肯定就在凤台山与越城之间。晋人所说的长干里，则是在大市的基础上发展起来的。而无论大市还是长干里，其商业繁华，都是因为其处于秦淮河西南方向的入江口上，因交通的便利而兴盛。这里暂不细述，在后面《"二水中分白鹭洲"》《"小长干接大长干"》等文中会做细致讨论。

顺便说到，大市位置确定，与大市相关的建初寺的位置也就可以确定了。

《景定建康志》卷十六引《宫苑记》："吴大帝立大市,在建初寺前,其寺亦名大市寺。"建初寺有明确的建造时间,是赤乌十年(二四七),因有大市在其南面,所以又被叫作大市寺。(图015)

由此可以确定,建初寺的位置应在越城之北,近凤台山,而不可能偏到越城东边的大报恩寺一带。大报恩寺沿用天禧寺址,宋李之仪《新建法堂记》中说"天禧寺者,乃长干道场,葬释迦真身舍利",并述其源起:"始吴时有尼居其地,为小精舍,孙綝寻毁除之,塔亦同泯。吴平后,诸道人复于旧处建立焉,中宗渡江,更修饰之。"这一说法始见于《梁书·诸夷传》:"阿育王即铁轮王,王阎浮,提一天下,佛灭度后,一日一夜役鬼神造八万四千塔,此即其一也。吴时有尼居其地,为小精舍,孙綝寻毁除之,塔亦同泯。吴平后,诸道人复于其旧处建立焉。晋中宗初渡江,更修饰之。至简文咸安中,使沙门安法师程造小塔,未及成而亡。弟子僧显继而修立。至孝武太元九年上金相轮及承露。"《南史》亦从此说。晋简文帝、孝武帝造塔事,在南朝梁慧皎《高僧传》卷十三即有记述:"竺慧达,姓刘,本名萨阿,并州西河离石人,少好畋猎,年三十一,忽如暂死,经日还苏,备见地狱苦报。见一道人,云是其前世师,为其说法训诲,令出家往丹杨会稽吴郡觅阿育王塔像礼拜悔过,以忏先罪。既醒即出家学道,改名慧达,精勤福业,唯以礼忏为先。晋宁康中至京师,先是简文皇帝于长干寺造三层塔,塔成之后,每夕放光。达上越城顾望,见此刹杪独有异色,便往拜敬,晨夕恳到,夜见刹下时有光出,乃告人共掘,掘入丈许,得三石碑。中央碑覆中有一铁函,函中又有银函,银函里金函,金函里有三舍利,又有一爪甲及一发,发伸长数尺,卷则成螺,光色炫耀,乃周宣王时阿育王起八万四千塔,即此一也。既道俗叹异,乃于旧塔之西更竖一刹,施安舍利。晋太元十六年,孝武更加为三层。"

从南朝梁到宋代,说此寺历史者,连东吴时的无名小尼姑都翻出来了,却完全没提大名鼎鼎的康僧会和建初寺,可见当时人们都很清楚长干寺与建初寺全无关系。今有人在大报恩寺南复建"建初寺",只能算是旅游景区中的混充古董,与历史、与宗教,实不相干。

格致南京

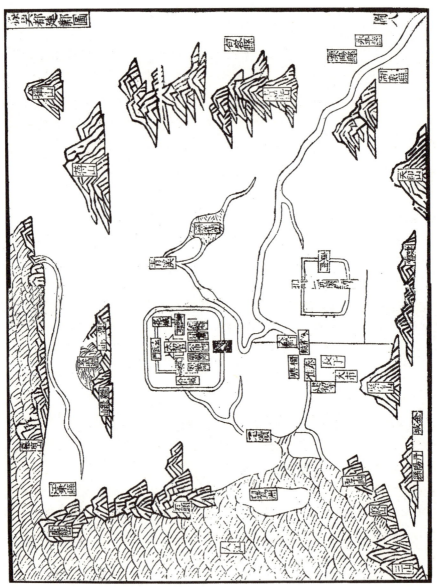

图 015 《金陵古今图考》中的孙吴都建业图

## 试析二十四航

秦淮浮航，历来说法不一。

二十四航的说法出于《舆地志》，但仅有一数目，未见其详，后人难免不感到困惑。清人陈文述《朱雀桥》诗中提出的疑问："镇淮桥北无遗址，何处当时廿四航？"真令人难以作答。有人甚至以扬州二十四桥实属一桥之名为例，揣测六朝二十四航会不会也是一航之名。然而，从文献记载看，二十四航肯定不是一航。

《建康实录》卷九许嵩注引《舆地志》："六代自石头东至运署，总二十四所，度皆浮航，往来以税行。""总二十四所"，意思很清楚，一共二十四个。但这里说到的"运署"，未见记载，所以《景定建康志》和《至正金陵新志》引述这一节时，直接将"运署"改成了"运渎"。正德《江宁县志》卷五所引《舆地志》中文字却与此不同，其"竹格渡"注文引《舆地志》："两岸要冲，并以航济。西自石头，东至征虏亭，凡二十四所。"但《景定建康志》卷二十二记载："征虏亭，在石头坞，东晋太元中创。"李白诗《夜下征虏亭》："船下广陵去，月明征虏亭。山花如绣颊，江火似流萤。"刘禹锡《金陵怀古》："潮满冶城渚，日斜征虏亭。蔡洲新草绿，幕府旧烟青。"都可证征虏亭在长江边，或即在冶城附近。无论石头城到石头坞，还是石头城到运渎，其间有二十四个桥梁或渡口，其密集程度都是难以想象的。即使是从石头城东至东府城，其间水道亦不过五六千米，每隔二三百米即设一个浮桥或渡口，无此必要也无此可能。所以有人提出，这征虏亭可能是在江宁的方山之南，二十四航当是分布在自方山至石头城之间。这种说法虽似合理，然而既缺少实证支持，也缺少文献支持。此外还有一个说法，基于"往来以税行"，即设立浮航的目的既是向过往行人收税，官府因见有利可图，遂在可能有人过河的地方都设立浮航，以至数量众多。但真正人流量较大的，只有四航，其余的地方，未必真的搭建浮桥，可能就是一条渡船。这个说法看似符合情理，但并没有解决二十四航位置何在的问题。

"航"，固有浮桥之义，也有航行之义，"航济"与"浮航"，意义上就是有差别的。所以我想，前人所说的"二十四所"，很可能就是二十四个可以过河的地方，可以是渡口，可以是浮桥，也可以是桥梁。（图016）

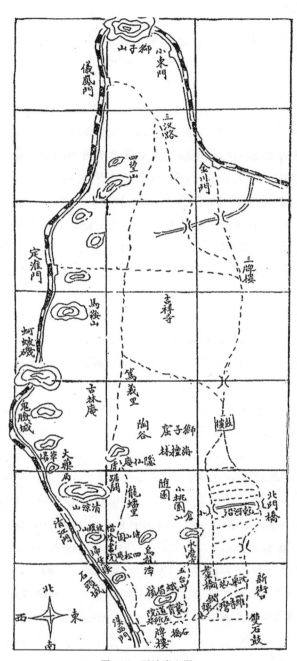

图 016　石城诸山图

我在这里也想提出一个假设,即《舆地志》所说的,是"六代"或"要冲"的浮航"二十四所",并不是单指秦淮河上的浮航,而是建康都城主要水道上的桥和渡。因为石头城就不在秦淮河上。更重要的是,既然目的在于收税,仅对秦淮河上的过往行人收税,而其他水道上的过往行人不收税,是何道理呢?那么,前文已说过,运渎有六桥,青溪有七桥,秦淮中支上另有内桥、清化桥、鼎新桥、崇道桥、文津桥,共五桥,加上常说的秦淮河四航,已有二十二个了。

此外,石头城南过乌龙潭,也应有渡口或浮航。《至正金陵新志》卷四载:"又有榻航,在石头城左右。温峤欲救匡术,别驾罗洞谓不如攻榻航,围自解。此亦一航也。"《晋书》卷六十七记此事稍详,温峤平定苏峻叛乱时,"贼将匡术以台城来降,为逸所击,求救于峤。江州别驾罗洞曰:今水暴长,救之不便,不如攻榻航。榻航军若败,术围自解。峤从之,遂破贼石头军"。

再就是前文说运渎六桥时提到的禅灵渚渡,见《建康实录》卷二:"次南运渎临淮有一新桥,对禅灵渚渡。今之过淮水桥名新桥,本名万岁桥。"六朝时,运渎上临近秦淮河处有一新桥,唐代则将秦淮河上的万岁桥改称为新桥,我们今天看到的新桥跨秦淮河,应即始于唐代之桥。但唐人并没说两座新桥的位置关系,强调的是当时能看到的新桥,不是六朝运渎上的新桥,两座新桥同名,但并非一桥。《景定建康志》卷十六记饮虹桥时的考证说:"《建康实录》:南临淮有新桥,本名万岁桥。后改名饮虹,新桥乃吴时所名,俗呼为新桥,袭其旧也。"宋人已经将两座新桥误混为一桥了。而与运渎新桥相对的禅灵渚渡,应是当时秦淮河上的渡口。

加上这两个,六朝建康的桥渡浮航,正是二十四个。

当然,秦淮中支上的五桥或渡,是不是都属六朝始建,尚可讨论,但至少有几处是可以肯定的,如台城至朱雀门御道须过秦淮中支,则内桥处必有一桥;西州城南门外必有一桥,即小新桥或鼎新桥;以当时冶城地位之重要,冶山东侧的崇道桥处或西侧的文津桥处,至少须有一桥;再就是清化坊、清化市旁的清化桥、钦化坊、钦化市旁的钦化桥,无桥难以成市。

## 秦淮四航细探

秦淮河上四航,亦被称为四大航,史籍中常被提及,通常认为是朱雀航、竹格航、骠骑航和丹阳航(亦称丹杨航、丹阳郡城后航)。

《晋书·孝武帝纪》记宁康元年(三七三)事:"三月癸丑,诏除丹杨、竹格等四桁税。""桁",通"航",这当是关于秦淮四航的较早记载。丹杨航,即丹阳航,地近东水关;竹格航,地近西水关。被省略了的二航,其中之一当是朱雀航,应可肯定,另外一个,旧说是骠骑航。

《建康实录》卷九,摘引了《晋书》中的这一段文字:"癸丑,诏除丹杨、竹格等四航税。"其后有许嵩注:"案,《晋书》:王敦作逆,贼从竹格度,即此航也,今县城西南二里。案,《舆地志》:六代自石头东至运署,总二十四所,度皆浮航,往来以税行。直淮对编门大航,用杜预河桥之法,其本吴时南淮大桥也,一名朱雀桥,当朱雀门下渡淮水。王敦作逆,温峤烧绝之,是后权以舶舡为浮桥。成帝咸康二年,侍中孔坦议,复税桥行者,收直以具其材,但苑宫初理不暇,遂浮航相仍至陈,每有不虞,则烧之。复有骠骑航,在东府城门渡淮,会稽王道子立。并竹格航、丹杨郡城后航,总四航,在晋时并收税。至是年诏皆除税不收,放民之往来也。"《景定建康志》卷十六摘引此段后说,"今四航皆废,镇淮桥即朱雀航旧所也"。浮航被废,不是无须渡河,而是因为有桥替代。

此说后遂成为定论,为各书所转引。蒋赞初先生在一九八〇年出版的《南京史话》中亦说:"在秦淮河的下游也设置了更多的渡口和浮桥,仅仅从现在的通济门附近到石头城这一段,就设置了二十四座浮桥,称为'浮航'。其中最重要的是都城正南面的朱雀航、竹格航、骠骑航和丹阳航四座。"

然而,说四航就是朱雀航、骠骑航、竹格航、丹阳航,这历来为人深信不疑的"定论",其实存在着两个疑问。

其一,说"骠骑航,在东府城门渡淮,会稽王道子立",就有明显的疑点。

同样是《景定建康志》,在卷四十二有这样的记载:"王导宅,在乌衣巷中,南临骠骑航。"并说明引自旧志,又引旧志:"谢安宅,在乌衣巷,骠骑航之侧,乃秦淮南岸。谢万居之北。"在谢万居处的北面。谢万的居处在哪里呢?同书也有记载:"谢万宅,在长乐桥东,傍丹阳郡城,今桐林湾东。"桐林湾又称桐树湾,即今信府河南段。据此,则骠骑航的位置,应是在乌衣巷附近,也是在丹阳郡城附近。(图017)

而东府城的位置,《建康实录》卷十有记载:晋安帝义熙十年(四一四),"冬,城东府",也就是以司马道子宅为基础,加筑城墙,建为东府城。许嵩按语说:"《图经》:今城县东七里青溪桥东,南临淮水,周三里九十步。今太宗旧第,后为会稽文孝王道子宅。谢安薨,道子领扬州刺史,于此理事,时人呼为东府。至是筑城,以东府为名。其城东北角有灵秀山,即道子宅内嬖臣赵牙所筑。"《晋书·司马道子传》亦详记此事,太元十年(三八五)谢安死后,诏司马道子"领扬州刺史、录尚书,假节都督中外诸军事,卫府文武,一以配骠骑府",司马道子"让不受",暗中却扶植羽翼,"既为扬州总录,势倾天下"。佞幸赵牙"为道子开东第,筑山穿池,列树竹木,功用钜万",时人称东府。

《景定建康志》卷二十的记载是:"东府城,晋安帝义熙十年冬城东府,在青溪桥东,南临淮水,周三里九十步,去台四里。"

由此可以知道,东府城在淮水北、青溪东,而乌衣巷在淮水南、青溪西,所以东府城门之浮航,必不是乌衣巷旁的骠骑航。

东府城门前确实有一浮航,但是是另有名称,或称东航,或称小航,亦有文献为证。

《景定建康志》卷十六引旧志:"镇淮桥,在今府城南门里,即古朱雀航所。"下有考证:"按,《世说叙录》及《舆地志》《丹阳记》皆云:吴时南津桥也,名曰朱雀航。太宁二年,王含军至,丹阳尹温峤烧绝之,以遏南众。乱定后,京师乏良材,无以复之,故为浮航。至咸康三年,侍中孔坦议复桥,于是税航之行者具材,乃值苑宫初创,材转以治城,故浮航相仍。至太元中,骠骑府立东航,改朱雀为大航。"

太元年间的骠骑府,就是会稽王司马道子的骠骑府。《晋书·司马道子传》载:"太元初,拜散骑常侍、中军将军,进骠骑将军。"《晋书·孝武帝纪》中说,太元五年(三八〇)"以骠骑将军、琅邪王道子为司徒"。当时孝武帝与司马道子的关系非常亲密。《晋书·孝武帝纪》中说,太元三年(三七八)春二月乙巳"作新宫,帝移居会稽王邸"。《建康实录》卷九亦有记载:"三年春正月,尚书仆射谢安石以宫室朽坏,启作新宫。帝权出居会稽王第。"骠骑府门前立东航,竟连带着

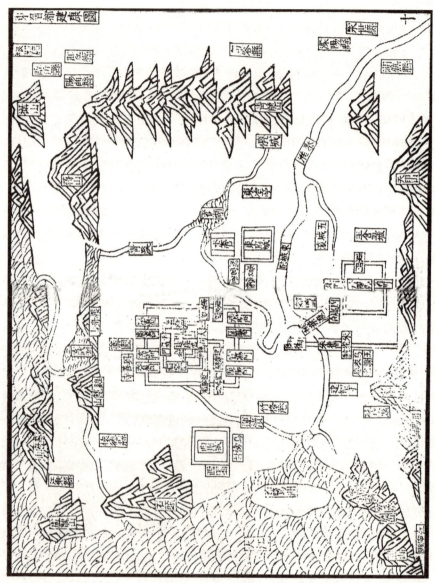

图 017 《金陵古今图考》中的东晋都建康图

把国门前的朱雀航改称大航,以示相提并论,可见当时司马道子的权势之盛。终孝武帝之世,司马道子专权擅政,直到晋安帝继位后才被清算。

这个东航后世又被称为小航。《建康实录》卷九,记太元十年(三八五)春事,"尚书令谢石以学校陵迟,上疏请兴复国学于太庙之南",许嵩按语中说:"初,显宗咸康三年,立太学在秦淮水南,今升桥地,对东府城南小航道西。在今县城东七里,废丹杨郡城东。"

《资治通鉴》卷一七五,"自小航渡"后有注:"六朝都建业,航秦淮而度者非一处,当朱雀门者为大航,当东府门者为小航。"

《至正金陵新志》卷四《四航》条:"皆在秦淮上,曰丹阳、曰竹格、曰朱雀、曰骠骑。按实录:晋宁康元年,诏除丹阳、竹格等四航税。注云:王敦作逆,从竹格渡,即此航也。朱雀航,本吴时大航。骠骑航,在东府城外渡淮,会稽王道子所立,今城东南三里,又名小航。陈沈众入援京邑,顿于小航,对东府置阵。又谓东府桥,即东府城桥也。并丹阳郡城后航,总为四航。今四航皆废,镇淮桥疑即朱雀航旧所,详见桥类。""骠骑航,在东府城外渡淮,会稽王道子所立"一句,明显是出自《建康实录》,其关于小航和东府桥,倒做了认真探讨。

至于乌衣巷会有一个骠骑航,则是因为另一位骠骑将军,晋明帝时的纪瞻而得名。

《建康实录》卷六载,纪瞻晚年,"自表还家,帝听之,遣使就拜骠骑将军,以家为府",将骠骑府设在纪瞻的家里。纪瞻的家正在乌衣巷。《建康实录》卷六载:"立宅乌衣巷,屋宇崇丽,园池竹木,自足赏玩焉。"《景定建康志》卷四十二也有记载:"纪瞻宅,在乌衣巷。"并有考证:"《晋书》:瞻厚自奉养,立宅乌衣巷,馆宇崇丽,园池竹木有足玩焉。"

明正德《江宁县志》卷七记此事甚详:"纪瞻宅在乌衣巷。瞻大安中弃官归家,即置亭馆园池自适。寻起官至常侍,居第最为崇丽。园池中竹木花石,为一时之胜。元帝尝幸其宅,与之同乘归。时瞻为镇东长史,既老乞归,进为骠骑将军,即其宅为骠骑府,遂名其府侧浮桥曰骠骑航。"

与王献之有关的桃叶渡,当是骠骑航的北岸渡口。

如果乌衣巷旁的骠骑航能够确认,那么,就又产生了第二个疑问,它与丹阳航是什么关系?

《景定建康志》卷二十引旧志:"丹阳郡城,案《宫苑记》,在长乐桥东一里,南临大路,城周一顷,开东、南、北门。汉元封二年置丹杨郡。至晋太康中始筑城,宋、齐、梁、陈因之不改。"并有考证:"《元和郡国志》:丹阳郡故城,在今江宁县东南。蔡宗旦《金陵赋》注云:古图,长乐桥东一里,今桐树湾军寨处。"

嘉靖《南畿志》卷五:"汉丹阳郡城,在淮水之南。按《吴苑记》:去长乐桥东一里,南临大路。长乐桥,今武定桥,东南有长乐巷,盖自东城角之内外,皆是郡治。城周一顷,开东、南、北三门。"

从前引《景定建康志》中谢安宅、谢万宅的位置来看,骠骑航与丹阳航,都在长乐桥东侧,应该即是一航。据上述文献所指,相当于今武定桥一带。

很可能是纪瞻死后,乌衣巷的骠骑府不存,人们遂以附近更明显的标志丹阳郡城来称呼此航。此后司马道子做骠骑将军,居东府,门前浮航也会被人叫成骠骑航。隋灭陈后,既将丹阳郡城"平荡耕垦",势必也会将丹阳航改名,最简便易行的就是恢复原名骠骑航。于是历史上便有过前后两个骠骑航,而且相距不远,以致从唐代的许嵩开始,就将它弄混了。

所以,秦淮四航,应该是东航(小航)、骠骑航(丹阳航)、朱雀航(大航)和竹格航。如果一定要说成朱雀、骠骑、竹格、丹阳,则必须说明这骠骑航的位置,是在青溪以东,而非乌衣巷旁。近人在钞库街口建来燕桥,指为骠骑航旧址,肯定是不妥当的。

# "二水中分白鹭洲"

唐代诗人李白多次往来金陵，留下诸多不朽诗篇，为古都名胜增色。他第二次游金陵时写下了七律《登金陵凤凰台》："凤凰台上凤凰游，凤去台空江自流。吴宫花草埋幽径，晋代衣冠成古丘。三山半落青天外，二水中分白鹭洲。总为浮云能蔽日，长安不见使人愁。"正是"三山半落青天外，二水中分白鹭洲"一联，让后来消逝于历史长河的凤凰台与白鹭洲，得以永存于人们的记忆之中。

然而，凤凰台在今花露岗上固无疑问，白鹭洲的位置究竟在哪里，却又成了仁者见仁、智者见智的问题。

## 白鹭洲和蔡洲

《南京地名大全》中的说法，可以作为代表。其确指白鹭洲"位于南京城西，今江东门西沙洲圩北圩"，并说明："为古代长江中江心洲，系长江环流和秦淮河的顶托作用下，不断淤积而形成。根据地质地貌成因分析，其洲体早在三国前已出水成洲。北魏郦道元《水经注·江水》云：'江宁新林浦，西对白鹭洲。'南朝刘宋《丹阳记》载：'在县西南三里大江中，多聚白鹭，因名为洲。'据有关部门考证，古代白鹭洲应在今莫愁湖西岸至上新河一带，即今沙洲圩北圩。因洲上常聚许多白鹭，故名。李白诗'二水中分白鹭洲'句，即指此。后因泥沙淤积，水道西移，元末明初，洲与陆地相连接而湮没。"

"有关部门"在中国就是个笑话，姑且不论。其中所引文献，见于《景定建康志》卷十九，该书引旧志说："白鹭洲，在城之西，与城相望，周回一十五里。"又记相关事迹:"郦道元《水经》云:江宁之新林浦,西对白鹭洲。《丹阳记》曰:白鹭洲,在县西三里。洲在大江中,多聚白鹭,因以名之。国朝开宝七年,王师问罪江南,曹彬等破南唐兵五千于白鹭洲,即此地。"

《景定建康志》所说的"国朝",即宋朝。北宋初年的《太平御览》卷六十九,也有相关记载:"《丹阳记》曰,白鹭洲在县西三里,隔江中心。南边新林浦,西对白鹭洲。洲在大江中,多聚白鹭,因名之。"

两相比较,《南京地名大全》中省去了一个重要的数据,即白鹭洲"周回一十五里"。据此而言,白鹭洲的周长比今莫愁湖公园大不了多少。那么,如果再要满足"在县西南三里"的条件,即距冶山东麓三里,白鹭洲就只能在莫愁湖附近,怎么都到不了江东门西边的沙洲圩北圩。

此外,新林浦的位置,同见于《景定建康志》卷十九所引旧志:"新林浦,在城西南二十里,阔三丈,深一丈,长一十二里(旧经云三十里)。源出牛头山,西七里入大江。秋夏胜五十石舟,春冬涸。"并记相关事迹:"郦道元《水经》云:'江宁之新林浦,西对白鹭洲。'梁武帝置江酒,乃自新亭凿渠,以通新林浦。又起义兵擒新亭城主,大军遂次新林。侯景围台城,柳仲礼、韦粲合军屯新林,皆此地也。"可知其与新亭相近。研究者多认同其在今西善桥的南边,近秦淮新河。白鹭洲"周回一十五里",则南北长不可能超过七里,自秦淮河入江口,也到不了新林浦西边。(图018)

其实,郦道元所看到的,只可能是唐《元和郡县图志》及以后各文献中所说的蔡洲。

蔡洲也是石头城西边的江心沙洲,又名蔡家沙,唐《元和郡县图志》记蔡洲"在县西十二里江中"。按此处所说的县,指上元县,其县治即后来的江宁县治,位于冶山东麓。《建康实录》中也多次提到蔡洲。宋初《太平寰宇记》卷九十二记蔡洲"在县西十二里,周回五十五里"。《景定建康志》卷十九引旧志说:"蔡洲,今名蔡家沙,在城西南一十二里,周回五十五里。"

据相关文献记载,当时那一带最大的一个江心洲就是蔡洲。这在下一节会详述。

尽管《水经注》对于长江下游的情况说得十分简略,但是有白鹭洲却无蔡洲,肯定是说不过去的。为什么他能看到周长十五里的白鹭洲,却看不到周长五十五里的蔡洲呢?唯一的可能是,他所说的白鹭洲,即后人所说的蔡洲。

"二水中分白鷺洲"

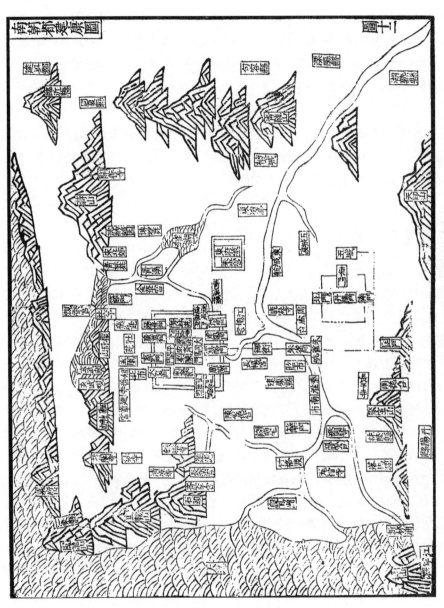

图 018 《金陵古今图考》中的南朝都建康图

蔡洲周长五十五里，以江心洲的狭长形态而言，长度可达二十里左右，即便其北端近石头城，南端仍可满足"西对新林浦"的条件。而其"在县西十二里"，与江东门一带正相符合。由此可见，江东门一带确实原为江心沙洲，在北魏郦道元时被称为白鹭洲，而唐代以后已改称蔡洲。试想蔡洲离江岸十余里，即使有白鹭聚居，岸上的人也很难看清其活动情况。李白诗中的白鹭洲，自应是近岸的小白鹭洲。

也就是说，古代南京，先后有过一大一小两个白鹭洲，自不能含糊其词地混为一谈。

蔡洲与白鹭洲的位置关系，是东西并列。白鹭洲离县城仅三里，距江岸只有一里多；而蔡洲离县城十二里，远在白鹭洲之外。所以在金陵古地图上，多可以看到白鹭洲，而看不到比它大得多的蔡洲。

## 沿江参差十八洲

六朝时期，在南京西南一带，江心沙洲并不只是蔡洲和白鹭洲这两个。石头山麓，乌龙潭入江口曾有过梁武帝放生的长命洲。北宋初《太平御览》卷六十九载："山谦之《丹阳记》曰：江宁县南二十五里有列洲，晋简文帝为相时会桓温处也。""又曰烈洲，在县西南。《舆地志》云，吴旧津所也，内有小水，堪泊舡，商客多停以避烈风，故以名焉。王濬伐吴宿于此。简文为相时会桓文之所也。亦曰溧洲，洲上有山，山形以栗。伏滔北征贼，谓之烈洲。"同书又引《丹阳记》："又曰张公洲，在县西南。《梁书》：太清二年，豫州刺史裴东之等舟师二万，次张公洲。二年，陈霸先击破侯子，监师至张公洲，并此处。""又曰加子洲，在县西南。《三十国春秋》曰，晋咸和二年，温峤与陶侃起义兵伐苏峻，帅师四万，直指石头。侃泊加子洲，即此处也。夏月堪泊舡，冬月浅涸。自永昌之初，其洲忽一朝崩陷数里，随其形曲折，凡作九湾。行者所依，东西浩然矣。"

而到了南宋时，《景定建康志》卷十九列出金陵城西南一带的江心沙洲，已多达十八个，并且标出了各洲位置及周长。我试着将它们依距城远近排列出来，在"县西三里"的白鹭洲以南，有

张公洲："在城西南五里，周回三里。"

加子洲："在城西南十三里，周回一十二里。"

董云洲:"在城西南一十五里,西有小江名沣江,故一名沣江场。其上有田五百顷。"

杨林洲:"在城西南二十五里,周回一十一里。"

丁翁洲:"在城西南二十五里,周回一十五里。昔有隐士晦其名,惟称丁翁,居洲上,故为名。"

木瓜洲:"在城西南二十八里,周回二十里。"

落星洲:"在城西南三十里,周回一十里。上有小阜高数丈。旧《图经》云:星陨所化也。"

鸡距洲:"在城西南三十五里,周回三十里。"

乌沙洲:"在城西南三十五里,周回二十里。"

簰枪洲:"在城西南三十五里,周回一十七里。南唐保大中治宫室,取材于上江,成巨筏至此,时会潮退,为浮沙所沫,涨成洲诸。国朝景德三年,南岸溃,出大枋木二十余条。"

迷子洲:"在城西南四十里,周回三十里。(王荆公《次韵叶致远》诗:"迷子山前涨一洲,木人图志失编收。")"

乌江洲:"在城西南六十里,周回一十五里,接乌江县西界。"

烈洲:"在城西南七十里,吴旧津所也。内有小河,可泊船。商客多停此以避烈风,故以为名。"

鳗鲡洲:"在城西南七十里,周回三十五里,西对和州乌江县,以水多鳗鲡,因为名。"

浮洲:"在城西南八十里,周回二十五里。"

鱼袋洲:"在城西南八十里,周回五里,形如佩鱼,因以为名。"

龙潭洲:"在城西南九十五里,周回一十五里。"

合兴洲:"在城西南九十五里,周回一十二里。"

由此可证,周长五十五里的蔡洲,确实是那一带最大的江心洲。

其中见于旧志的,仅张公洲、加子洲、烈洲、落星洲四处,其余十四处,均应为宋初以来新涨出的江心沙洲。其中,簰枪洲、迷子洲等,且明确说到其涨出时期。这与前文所说秦淮河水道收窄,恰在同一时间段。由此可见,北宋时期的极寒气候,也导致了长江水域的重要变化。这里也说到了沙洲形态会有改变,但那一时期的大趋势,是沙洲由少变多、由小变大,应无疑问。(图019)

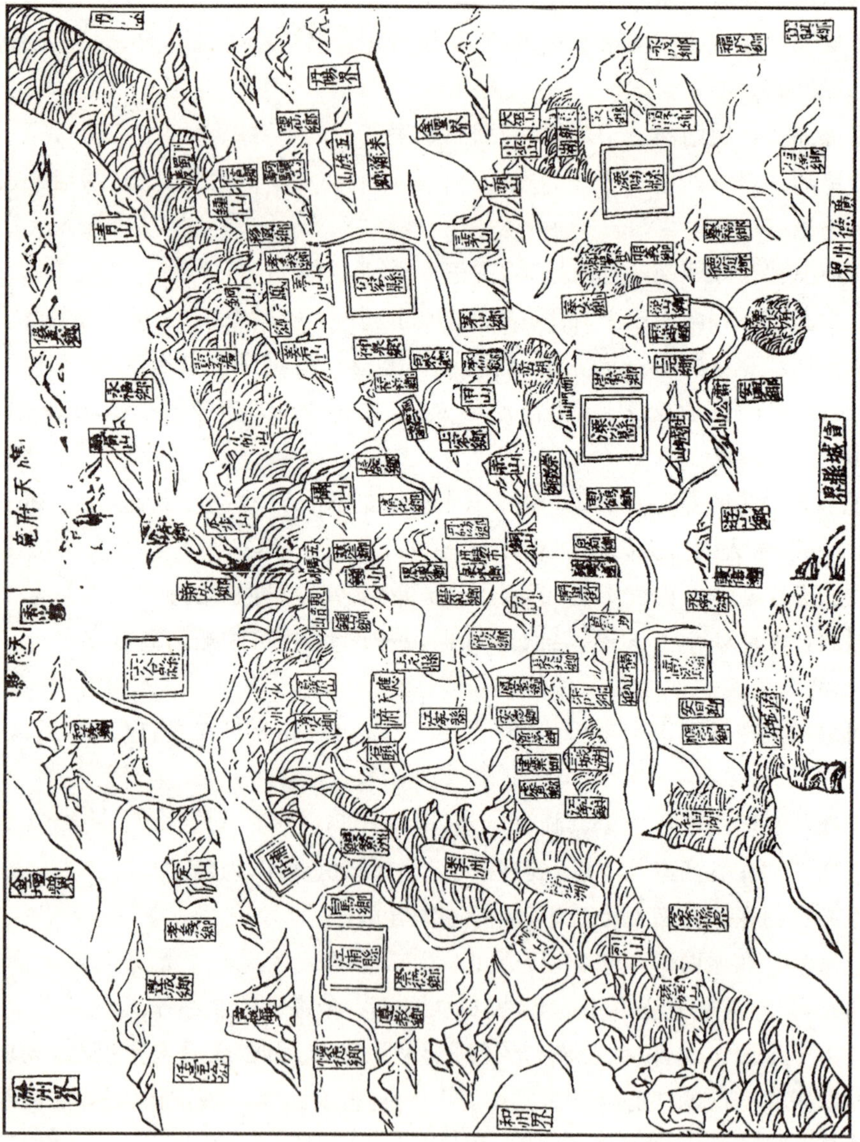

图 019 《万历应天府志》中的应天府境图

尤其值得注意的是，蔡洲北端"在县西十二里"，而其南端"西对新林浦"，可以看出其与江岸之间的距离呈北宽南窄之势。而张公洲、加子洲、董云洲，都应在蔡洲与长江东岸之间，自白鹭洲迄南，呈参差排列之势。杨林洲、丁翁洲、木瓜洲、落星洲等则与蔡洲相近。正是这些沙洲与蔡洲渐相连接，使得长江东岸大幅度西移，形成了今天的南京河西地区。

## 白鹭洲中分二水

《南京地名大全》讲到秦淮河与长江相互作用对沙洲形成的影响。实际上，只有秦淮河入江口的小白鹭洲，才会是"长江环流和秦淮河的顶托作用下，不断淤积而形成"的。蔡洲与秦淮河入江口之间，既相距十余里，中间又隔着一个白鹭洲，所以它的形成，与秦淮河并无关系，应是长江泥沙沉积所造成。

白鹭洲确是秦淮河入江口形成的沙洲。简而言之，当年秦淮河宽达数百米，浩浩荡荡直冲长江而来，进入长江后，水面陡然宽阔，再加上江水的顶托作用，流速定会减缓，所携带的泥沙沉积下来，便形成了最初的白鹭洲。前文说到的秦淮河河谷平原，比白鹭洲的面积要大得多，也证明了这是完全可能的。而在白鹭洲形成之后，又会影响到长江携带泥沙的沉积，使它不断向上游（即南面）延伸。

因为白鹭洲的出现，入江的秦淮河也就被切分成两支，一支向西北，一支向西南。这当然是从理论上而言。实际上，江水自南向北是大势所趋，遂在白鹭洲、张公洲等与长江东岸之间，形成一条夹江。但在长江水位低时，秦淮河支流确也有向西南流的可能。我住在外秦淮河边上，在二〇〇五年三汊河河口闸建成之前，既能看到河水自南流向北，也能看到江水自北溯而南。所以我相信，元明之前，秦淮河口西南夹江的情况，大约也是这样。而这种来回拉锯，无疑会加剧江、河所携泥沙的沉积，也就是加速江心沙洲与江岸的接近。（图020）

李白眼中的"三山半落青天外，二水中分白鹭洲"，应该就是这样的形势。诗人在凤凰台上，向南望遥见三山（《景定建康志》卷十九载："三山矶，在城西南七十五里"），转头北望，则见秦淮河口"二水中分"景象，诗意中更包含着一分动感。与他同时的诗人储光羲《临江亭五咏》有句"江水中分地，城楼下带山"，这

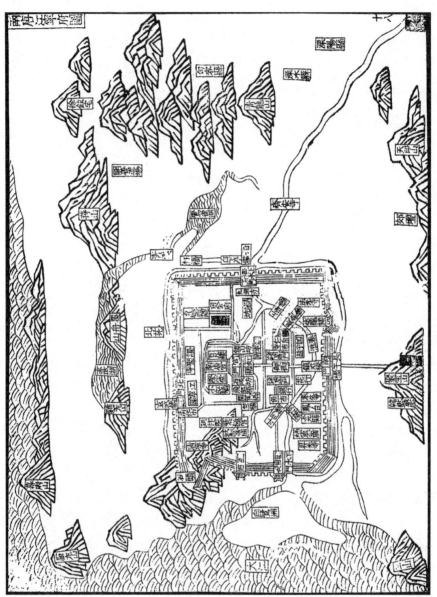

图 020 《金陵古今图考》中的南唐江宁府图

临江亭大约在今水西门附近,"下带山"的城楼,自是其北的石头城了。

具体说到白鹭洲的位置,我相信应当在今外秦淮河西岸、莫愁湖以南,有些像一条头上尾下的鱼,其北端沿莫愁湖南岸向西北延伸,可能到今汉中门大街一线,其尾端则可能南延到凤台山西面的江中,与张公洲相距甚近。

莫愁湖正是白鹭洲北侧秦淮河入江水道的遗迹,也即夹江的北段。历史上莫愁湖与外秦淮河一直是相连的,后为防湖畔地区水患,才在河、湖之间修筑了二道埂子。即使现在高筑出一条莫愁湖东路,其间仍有涵闸相通。

## 越城同样是"扼江控淮"

据此而言,当年从长江进入秦淮河,实际上有着南、北两条通道,除了我们熟知的西北方向的通道外,在西南方向也有一条通道。人们说起石头城时,都知道它六朝时"扼江控淮"的作用,因为秦淮河西北入江水道口就在石头山麓。然而,当我们明白,秦淮河在西南方向同样有着一条入江水道,对于当年越城的选址,也就可以多一分理解了。

南京城约两千五百年的建城史,是从越城算起的。越城遗址在宋代还被作为军寨,与天禧寺相对,明代与在天禧寺旧址上新建的大报恩寺东西相望,清代中期还没有完全湮灭,因明显高出于周边地面,人称"越台",可以确定在今中华门外长干桥西南一带。

对于越城的位置,唐许嵩在《建康实录》卷一的注文中,做了这样的说明:"越王筑城江上,镇今淮水,一里半废越城是也。案,越范蠡所筑城,东南角近故城望国门桥;西北即吴牙门将军陆机宅,故机入晋作《怀旧赋》曰'望东城之纡余',即此城。在三井冈东南一里。今瓦官寺阁在冈东偏也。"

按照通常的理解,春秋战国时秦淮河宽在百米以上,常被称为江,宋张敦颐《六朝事迹编类》中就说越国"筑城江上,以镇江险"。后人评价越城"城址与长干山相连,形势特重"。越城南倚雨花台,越国的繁华地区都在它的后方,其北以宽阔的秦淮河为天然屏障,又可以溯长江进逼楚国,军事上的重要地位显而易见。

不过,仅就此而言,越城的选址未免就有太多的随意性,只要是在秦淮河南岸,北至凤台山、南至雨花台、东至赤石矶,任意一点都能满足这样的条件。

当然,我们可以解释,越军没有挺进到凤台山,可能是因为凤台山处于秦淮河与长江之间的狭长三角地带中,回旋余地未免太小,也很容易被敌人从两侧水路包抄而成为孤军。越军不选择雨花台,则是因为距秦淮河这个天然水源较远,生活不便。至于不选择赤石矶,好像就找不出什么特别的理由了。

许嵩写《建康实录》,在南唐建金陵城之前,因此他对那一带的形势,会比我们看得更清楚。如果考虑到现在的外秦淮河东岸就是当年长江的东岸,考虑到秦淮河在西南方向也有一个入江通道,那么他所说的"筑城江上,镇今淮水",很可能就是说越国筑城在长江边,并用以控制今天秦淮河的入江通道。(图021)

同时,上述引文中"一里半"这个距离,长期以来得不到确切的解释,无论是解释为到越城到秦淮河边的距离,还是解释为越城的边长,都不无牵强之处。然而,如果考虑到越城在"三井冈东南一里",三井冈即凤台山,那么一里半之外,很可能就正是凤台山以西的秦淮河入江通道口。

也就是说,越城与石头城一样,都承载着"扼江控淮"的作用。明确这一点,越城的选址,就不再是一个偶然的事件了。《景定建康志》卷五《辨越台》中,就说到了这一点:"越而楚,楚而秦,秦而汉,汉而吴、晋、宋、齐、梁、陈,攻守于此者,西则石头,南则越城,皆智者所必据。刘濞于此避条侯,温峤于此破王含,刘裕于此拒卢循,萧懿于此拒慧景,萧衍于此屯王茂,皆越城、越台也。"

有人认为,越城在春秋战国时期已经是居民密集、商业兴盛的城市中心区,然而却未见提出确切的证据。像越城这样的一个前方军事据点,周边即使有居民,也不会太多。但是,越城所处的优越地理位置,却正是后世形成繁华商业中心所需要的条件。越城与凤台山之间的土地,西临长江,北控秦淮河入江通道口,近江岸又有张公洲与白鹭洲为自然屏障,附近有秦淮河的便利。正是这四通八达的水上交通条件,促成了它商贸集散中心的地位,所以会在东吴时成为大市,在西晋时成为小长干巷商业区。关于这一点,可参看后文《"小长干接大长干"》。

"二水中分白鹭洲"

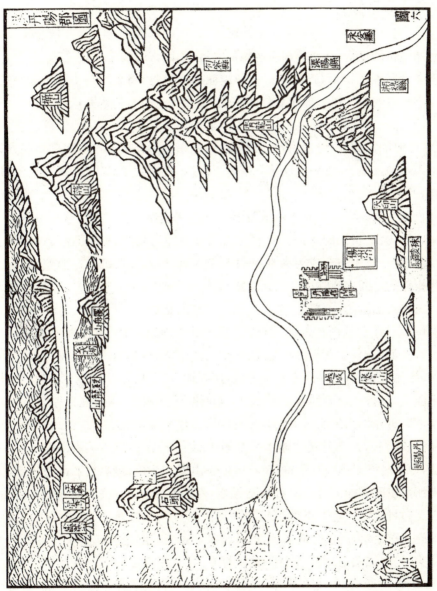

图021 《金陵古今图考》中的汉丹阳郡城

## 江岸西移失鹭洲

越城一带的地形,在南唐建金陵城后,发生了巨大的变化。

南唐金陵城的南垣,正从凤台山与越城之间穿过,将越城与小长干巷隔在城外,凤台山包了在城里,而南城外的护城河,又对这一带的水系产生了重大的影响。

《桃叶渡的风波》中曾说到,南唐建城后,在东水关外将秦淮河水分为两支,一支由东水关入城,一支则沿城墙向南再折向西,在城西南角入江,成为金陵城东、南面的护城河。

我们今天常说内秦淮河自西水关出城,与外秦淮河相汇,其实这一段水道,在南宋之前,就是长江的水道。此后因为蔡洲南部与长江东岸相连,阻断了上游的江水,这一段才完全成为秦淮河的入江水道,俗称外秦淮河。而蔡洲与长江东岸相连的时间,应该就在宋、元之际。

南宋诗人陆游的《入蜀记》中对于这一水道的记述,可以作为佐证。他在乾道六年(一一七〇)从浙江赴四川任,七月五日到南京,自下关进入外秦淮河:"过龙湾,浪涌如山,望石头山不甚高,然峭立江中,缭绕如垣墙。凡舟皆由此下至建康,故江左有变,必先固守石头,真控扼要地也。自新河入龙光门。"龙光门即今水西门,舟行一定要经过石头山下,自不奇怪。他离开时,九日即"移舟泊赏心亭下",可知仍由水西门出城。"十日早,出建康城,至石头,得便风,张帆而行。然港浅而狭,行亦甚缓。"他入蜀系溯江而上,出水西门当从夹江南口入江为便捷,但其时已必须向北绕行,在石头山下出夹江北口,可见白鹭洲与江岸之间的夹江南段已不能通行。北行本是顺水,然而尽管顺风鼓帆,但"港浅而狭,行亦甚缓",可见北段也有淤塞。想此时夹江南口即未堵死,水量亦甚小,主要靠秦淮河入江之水,所以时值初秋,已见浅狭。这与《景定建康志》中所说"今大江远石头,元武湖涸为平田,青溪九曲仅存其一"正相符合。

《至正金陵新志》中说:"蔡洲,今名蔡家沙,一名蔡家洲,在城西南十二里,周回五十五里,隔岸。吴时为客馆。""隔岸"两字至关重要,说明这时蔡洲与金陵城已成一水之隔的形势,与前人"在大江中"的描述,有明显区别。而明万历年间顾起元《客座赘语》卷十中考城内外诸水,说到"宋时,今水西、旱西二门外,似未有土地如今日广远,石城下即临江",这"广远"的土地,即是与城一水之隔的蔡洲,明代长江远至蔡洲之西,是洲、岸相连的结果。(图022)

明洪武二十三年(一三九〇)营建都城外郭,列出十五门,西南面由凤台门、安德门到驯象门止。第二年增为十六门,新增加的一个就是驯象门西北的江东门。洪武二十八年(一三九五)成书的《洪武京城图志》中,有一幅《京城山川图》,可以看到外郭十六门的情况,从西北的佛宁门到西南的驯象门,标示的都是"某某门",唯独江东门处标示的是"江东桥"。但该书《城门》一节中列出的"外城门"共十八个,除江东门外,另增加了小安德门和小驯象门。而在《桥梁》一节中,有江东桥,说明:"在今江东门外。"又有江东渡,说明:"在江东门外,旧名平家圩渡,今名江东渡。"江东门系后增建,门外有桥有渡,说明水网丰富。从明人陈沂《金陵古今图考》中的《明都城图》可以看出,江东门附近,上河、玉河、北河等都直逼外郭城下。明都城外郭在西北佛宁门到西南江东门之间没有围合,就是因为此两门都在江边,其间应即以长江为外郭。

直到明代中期,人们仍可以在水西门上观赏白鹭洲景象。正德《江宁县志》卷六记载了几个当时的赏景胜处:"赏心亭,在下水门城上,俯瞰秦淮,为金陵绝景处。""白鹭亭,西接赏心亭,下瞰白鹭洲。柱间有东坡留题。"苏东城留题中有"却讶此洲名白鹭"之句。后王安石诗有"凄凉白鹭洲头月,曾照前朝玉树秋"之句。下水门即今水西门南侧西水关,由此亦可证明,水西门正当白鹭洲之东。此外又有二水亭:"二水亭在下水门城上,下临秦淮,西面大江,与赏心亭相对。亭名取李白《凤凰台》诗。乾道五年(一一六九)留守史正志重建撰记。"陆游乾道六年《入蜀记》中叙水西门上三亭位置最明确:"城上旧有赏心亭、白鹭亭,在门右,近又创二水亭在门左,诚为壮观。然赏心为二亭所蔽,颇失往日登望之胜。"

换个角度说,今天的外秦淮河东岸就是当年的长江东岸,白鹭洲至今未能与当年的长江东岸相连。

尽管现在看来,外秦淮河西岸已成为一大片陆地,并被建设成河西新城,白鹭洲处于那一大片陆地之间,已经难以分辨。但是,准确地说,白鹭洲是与西边的蔡洲连成了一片,与当年的长江东岸之间,仍有外秦淮河相隔。

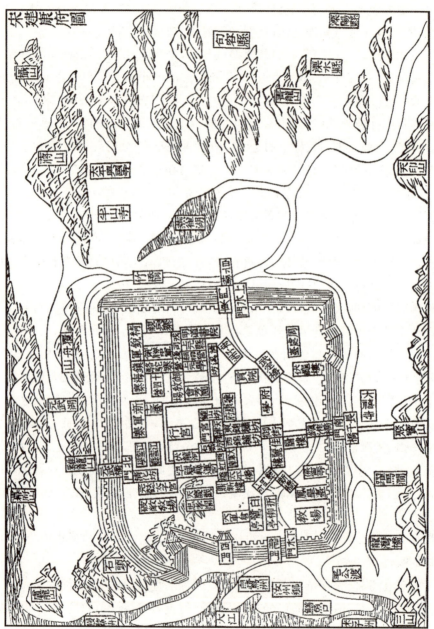

图 022 《金陵古今图考》中的宋建康府图

# 城垣与水系

新石器时期,人类只能选择近水台地居住,以求享水利而避水害。六朝时期,建业城和建康城,以水道为屏障,对于自然水系的干涉,主要是开凿运河,调理水网。当人类的能力还比较弱时,不得不较多地顺应自然环境。而随着人类能力的不断提升,对于自然环境的干涉越来越多,越来越大。南唐与明代的两次建都,构筑大规模的砖体城墙,更是不可避免地影响甚而改变了既有水系。

## 南唐建都开城濠

南唐都城肇建于杨吴时期,大体呈方形,据《景定建康志》所载南宋建康府《府城之图》、《金陵古今图考》所载《南唐江宁府图》《宋建康府图》《元集庆路图》,可知其东面城垣从今雨花门处向北,过上水门(今东水关)、东门(今通济门附近),向北至竺桥。北面城垣即由竺桥折向西,沿今珠江路杨吴城濠南岸,过北门(今北门桥南),再沿干河沿南岸、乌龙潭南岸至长江(今外秦淮河)东岸;其西北角的突出部分,就是南迁后的石头城。西面城垣沿长江东岸经大西门(今汉西门)、栅寨门(今涵洞口)、龙光西门(今水西门)、下水门(今西水关)至西干长巷,折而向东。南面城垣由长江东岸东行,经南门(今中华门)至今雨花门处,与东面城垣相接。其西、南两面的城墙,以及东面城墙上水门以南一段,大致为明朝建都城时所沿用,即今天所能看到的明都城城墙的位置。

环绕南唐都城的城濠,除了西面的长江之外,东、南、北三面,都可以说是改变了既有水系的新水道。

其东面城濠最为复杂,以上水门(今东水关)为界,南、北两段情况不同。南段城濠,是分秦淮河水而成。南宋张孝祥向皇帝报告秦淮河水患情况时说道,秦淮河水从上水门入城,下水门出城,"又府东门号陈二渡,有顺圣河,正分秦淮之水,每遇春夏天雨连绵,上源奔涌,则分一派之水,自南门外直入于江,故秦淮无泛溢之患"。

这一段话说的是,秦淮河水自东而来,到上水门分为两支,一支进入城内,即"十里秦淮",一支沿城外南行,随城墙转折向西,经南门(今中华门)外,直入长江,成为东面城垣南段及南面城垣的护城河。《至正金陵新志》卷四,则说明这一段城濠是人工开凿的运河:"长干桥,在城南门外。五代杨溥城金陵,凿壕引秦淮绕城。咸淳乙丑,马光祖新创。"因有此河相隔,所以必须修造桥梁以便通行,南宋末年,马光祖曾重修长干桥。而长干桥西南的落马涧,原先应是北行汇入秦淮河的,此后遂经涧子桥在上码头汇入外秦淮河了。(图023)

上水门的设置,是南唐建城时的一个重要举措。如前所说,上水门对于浩浩荡荡而来的秦淮河,起到分流与管束的作用,一方面利于将城内的河道束窄,一方面也为城外的护濠提供了水源。而到了战争时期,上水门又是防止敌军顺流直入城中的一道关口。南唐时秦淮河流量甚大,所以最初上水门很宽。到了北宋后期,因为极寒气候所导致的水位降低,也因为防守抵御北方侵略军的需要,上水门遂被砌窄。这也加剧了城内秦淮河河道的收窄。

南唐都城东垣北段和北垣的城濠,主要以青溪为水源。青溪上的竺桥,可能就是六朝的募士桥。竺桥到上水门这一段水道,应该是利用了自然形成的青溪故道,但也做了清淤与整理的工作。这一段青溪水道的拉直,很可能就是在此时才最后完成的。所以后人往往将这一段水道归入杨吴所开凿的运河。而沿竺桥向西,直到乌龙潭东,则完全是南唐所开凿的运河,史称杨吴城濠。南唐选择在此开凿运河,就是为了西段城垣可以利用"石头冈阜之脊",城外又可以乌龙潭为护濠。杨吴城濠的水源,除了东面来的青溪水,还有北面的运渎和潮沟遗存,珍珠河在浮桥处汇入,进香河在莲花桥处汇入。再就是当时尚通长江的乌龙潭,受清凉山水,自西而来,特别是夏季暴雨之后,乌龙潭水势甚大。不过,其中段即乌龙潭东至北门桥西一段,因处于鼓楼冈坡尾,地势较高,河道底部亦属全流域最高,很容易干涸,所以会被叫成"干河"。现在广州路南侧还有一条小巷叫干河沿,即是原水道遗迹。二十世纪六十年代,我在金陵中学上高中时,干河沿尚是一条约两米深的大阳沟,夏季水常满,冬季多干涸。在中山路

城垣与水系

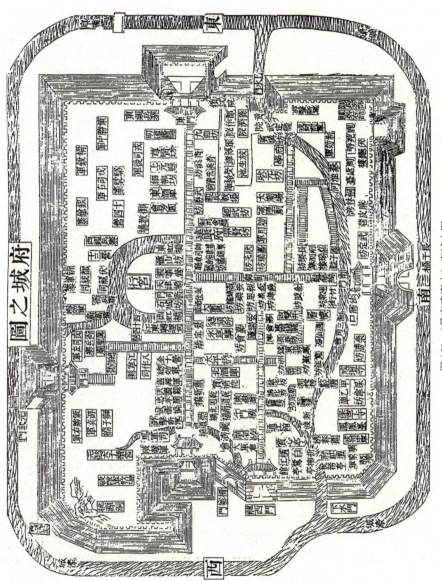

图 023 《景定建康志》·府城之图

下有东西向大涵管,连通两侧河道。

所以杨吴北城濠水的流向,不能简单地说是自东向西或自西向东,而应是双向都有。《客座赘语》卷七有《辛水东流》一条:"少桥张封公居北门桥之豆巷,尝语余:三十年前有一堪舆谓之曰:'君宅后之河,自西而东,所谓一弯辛水向东流也,此地宜出状元。'"这可以证明,在明代后期,乌龙潭、干河沿西来之水,仍能东流过北门桥。

清代乾隆年间诗人袁枚有诗句:"北门桥转水田西,路少行人鸟渐啼。"出北门桥向西即是大片水田,虽有道路而行人稀少。道光年间甘熙《白下琐言》卷二载:"干河沿之不二庵,白莲盈沼。"可见清代中期,今广州路一线仍属低洼湿地。在二十世纪初的地图上,自乌龙潭经五台山北麓到北门桥之间的水道,仍是贯通的。

## 南唐宫城护龙河

除了都城,南唐宫城四周亦有护濠,旧称护龙河。只是南唐宫城今已无迹可寻,明确的地标只有一个内桥,因正对宫城南门而得名。明万历年间《客座赘语》卷一记载南唐宫城及护濠方位尚较明确:"今内桥北,上元县、中兵马司、卢妃巷是其地,相传内桥为宫之正门所直。南宋行宫亦在此地,改内桥为天津桥。而桥北大街,东西相距数百步,有东虹、西虹二桥。东虹自上元县左,北达娃娃桥,有石嵌古河遗迹。西虹在卢妃巷大西,穿人家屋而北达园地,亦有石嵌河迹。土人言:此南唐护龙河者是也。自卢妃巷北,直走里许,又有一桥,亦名虹桥,而东虹、西虹两桥北达之水,环络交带,俱绾毂于此。想当日宫内小河四周相通,形迹显明,第近多湮塞,不复流贯尔。"上元县衙在今白下路西端、内桥东北,中兵马司即中城兵马司,在内桥北,卢妃巷即今洪武路南段,内桥位置迄今未变,由此可知宫城的中轴线是内桥以北卢妃巷一线。南唐宫城城垣开东、南、西三门,无北门。宫城外四面有护龙河环绕,宫城内或亦有河道相通,洪武路南段正当古运渎向东曲折处,遗留水道池塘不少,应该是在此基础上加以调理而成,其水源主要来自秦淮中支。在秦淮河面临枯水的情况下,就很容易干涸,所以这些河道在明朝后期多已湮废。清中期《白下琐言》卷三记载南唐旧宫:"卢妃巷为南唐宫址,南宋为行宫。中有老王府,皆成菜圃。巷名卢妃,其称名必有所自始,特为南唐、为南宋,无从考矣。"卷一中说到护龙河:"南唐护龙河,自升平桥经上元县之左,东边一带水道,各志历历言之。而西者独略。今羊市桥畔,上踞屋舍,下穿沟渠,后为张府园、裕民坊,皆系菜圃。其地有河身一段,长十余丈,宽二三丈,清水不泓,资以灌溉,两旁石岸犹存,乃西护龙河旧址也。《客座赘语》载西虹在卢妃巷之西,穿人家屋而北达园地,有石嵌河迹,正指此。"可见这一段河道,直至清中期尚未完全湮没。

南唐宫城四面护龙河,现在只有南面河道尚存,即秦淮中支之一段。南唐宫城南垣设定于此,可以肯定是为了利用秦淮中支为护龙河。内桥南北跨秦淮中支,在南唐名虹桥,北宋改建称蔡公桥,南宋以南唐旧宫作为行宫,又改名天津桥。桥南中华路一线,即六朝及南唐都城的南北御道。桥北白下路、建邺路一线,则是六朝以来形成的东西主干道。因为秦淮中支是重要的交通运输水道,所以内桥被建成高大的拱桥,以便桥下航船通行。直到二十世纪八十年代,内桥上下的坡道仍相当陡,近年来逐渐减坡,已较平缓。

宫城以北的小虹桥,亦称飞虹桥、虹桥、红桥,跨北面护龙河,如今水道与桥梁完全湮没。小虹桥位于今洪武路中段,户部街与洪武路相交处附近。旧有小虹桥路,一九二九年拓并入洪武路,南接卢妃巷、北接老王府(今洪武路北段)。朱偰《金陵古迹名胜影集》中,尚有一张小虹桥的照片。(图024)

东、西两面的护龙河,如今也只剩下了桥名。东虹桥,原内桥北大街东口之桥,即今四象桥,由此北向至娃娃桥,应即南唐东面护龙河水道走向,而娃娃桥很可能即是宫城东门外的桥。《白下琐言》卷六记载:"由四象桥转西抵升平桥,沿河一带石岸整齐,谓之晒场。旧为邑人陈万顺后宅,不通行人,前门在中正街,有广厦数百间,聚族而居。陈在京开绸缎庄,家素封,其地为晒谷之所,对岸为旧内城墙,屹立如屏。或谓背有倚靠,旺气大聚。乾隆间,

图024 《金陵古迹名胜影集》,小虹桥

有司以城砖为工程修造之用,拆毁一空。其家顿败,析为数姓,开门行走,遂成通衢。"这"旧内城墙"大约是南唐宫城的最后遗迹,而在乾隆年间完全消失。中正街即今白下路。今内桥以东、邻白下路有地名晒厂,当即原晒场之讹变。

西虹桥,原内桥北大街西口之桥,即今羊市桥,在鸽子桥北。旧有羊市桥路,一九三〇年拓入建邺路,即木料市至珠宝廊的一段。《白下琐言》卷三:"鸽子桥在笪桥东,旧名闪驾;景定二年马光祖重建,更名景定。其北为鸽子市,见《金陵世纪》,故今名鸽子桥。桥北当街又有一桥,名羊市,亦名大市。此乃后人更易,其实为宋之西虹桥也。"宫城西门外理应也有桥,以娃娃桥相衡,当即在今张府园一带。二十世纪九十年代以来的城市建设中,在张府园一带多次发现南唐护龙河石驳岸遗迹,也证实了史料记载。

## 明都新宫影响水系

明初建都南京,都城的范围较南唐金陵城大为拓展,其城濠亦随之变化,主要仍是利用金陵城原有城濠和自然河湖。在城墙的走向和转折上,可以明显看出,有意识地将山冈包入城内,将河湖隔在城外。但是在作为皇宫区的城东一带,对于原有青溪水系,则造成了重大的改变。

明代都城的格局,实际上是在南唐金陵城的东面,新辟建皇宫区,又在北面新辟出军事区。前文说过,明都城在西面和南面大致沿用了南唐都城的城垣。西面城垣自西干长巷北行至汉西门、乌龙潭一段,大体依原南唐金陵城城垣增建,自此顺着外秦淮河东岸向北延展,过清凉门、鬼脸城、定淮门直到狮子山下,则是明代新筑,同样以外秦淮河以城濠,相对明确。过狮子山,经钟阜门、金川门至神策门的北面城垣外,紧邻长江,原本水网密集,稍经人工疏理即可串连成城濠,西接外秦淮河,东接玄武湖。城垣东北,自神策门到太平门一段,即以玄武湖为城濠。但玄武湖有一部分被包了城内,即鸡鸣寺后的西家大塘(原名胥家大塘)。太平门向东,环抱富贵山的一段城墙外,没有开挖城濠,传说是因为那一带山体被称为龙广山(民间称龙膊子),属于皇家的"龙脉",故不能随便动土。自富贵山转南,则以前湖、琵琶湖、月牙湖等为城濠,至通济门(即南唐东门附近)外与秦淮河相接。

不过,这个新都城的东部,正当古青溪流域。青溪虽在北宋枯水时期已渐堙废,但遗留下的水道沼泽仍多,南宋后期水源渐丰,马光祖曾加疏浚,又能贯通。而明初被隔在城墙外的前湖、琵琶湖、月牙湖,皆以钟山来水为源头,也都可纳入青溪水域。尤其是皇宫北部宫城区所处的位置,还有一个燕雀湖。燕雀湖与现在城墙外的前湖原是有水道相连为一体的。六朝时期,位于钟山西北的玄武湖被称为后湖,位于钟山之南的便是前湖。因南朝梁时燕雀护昭明太子陵的传说,前湖又被称为燕雀湖或太子湖。明都城东垣将前湖分隔为两部分,城外的部分成了护城河,城内的部分,则被填平,建造皇宫。由此可以想见,月牙湖会成为窄长水面,也是被城墙所切割阻隔的原因,其被隔在城内的水面,则因无水源而涸废。六朝以来闻名遐迩的"九曲青溪",至此大部消失,仅剩娃娃桥经升平桥、四象桥到淮青桥的一段。明初皇宫严格按照传统礼制规范建造,皇宫由内层的宫城和外层的皇城所组成。原金陵城东边的杨吴城濠,正好成了明皇城西边的护濠,是皇城未进入老城区的最好证明。

朱元璋"移三山填燕雀"建造皇宫,是因为他舍此别无选择。当时金陵城中,居民商市密集,已没有适合建造皇宫的空旷地块。而金陵城外,西边是长江,南边主要是成熟而富庶的耕地,又是丘陵区。北边亦濒临长江,倘有敌军沿江来攻,便有皇宫首当其冲之虞。因此唯一可以用的,就只有东郊了。当时的金陵城东郊,还是一片农田,居民稀少,从地形上看,北部的紫金山成为天然屏障,青溪、秦淮河既可解决供水需要,又可利用为城濠。皇宫建在这里,与西南的老城区、西北的军事区,交通联络都很方便。权衡利弊得失,朱元璋最终择定此地。然而,到了洪武中期,宫城区便出现地层沉陷的情况,使皇宫成了前高后低的形势,被指为"后辈不如前辈"的征兆。

皇城南边护濠,自杨吴城濠东行,经柏川桥、会通桥(今称会同桥)、大通桥(后称白虎桥)、外五龙桥,直达都城东城垣,现仍称明御河。皇城北边以富贵山、龙广山为"靠山",没有开挖城濠。皇城东边,旧有水道自东安门流向厚载门(即后宰门),复由厚载门出皇城西墙,至竺桥入杨吴城濠,可以肯定是青溪遗迹。宫城四面的护濠,主要是利用了青溪的曲折故道,以人工运河相贯通,成四面环绕之势,现西面水系称为玉带河,北面与东面水系称青溪河。所以,准确地说,青溪流域是在明代建都时期,才被完全改变的。(图025)

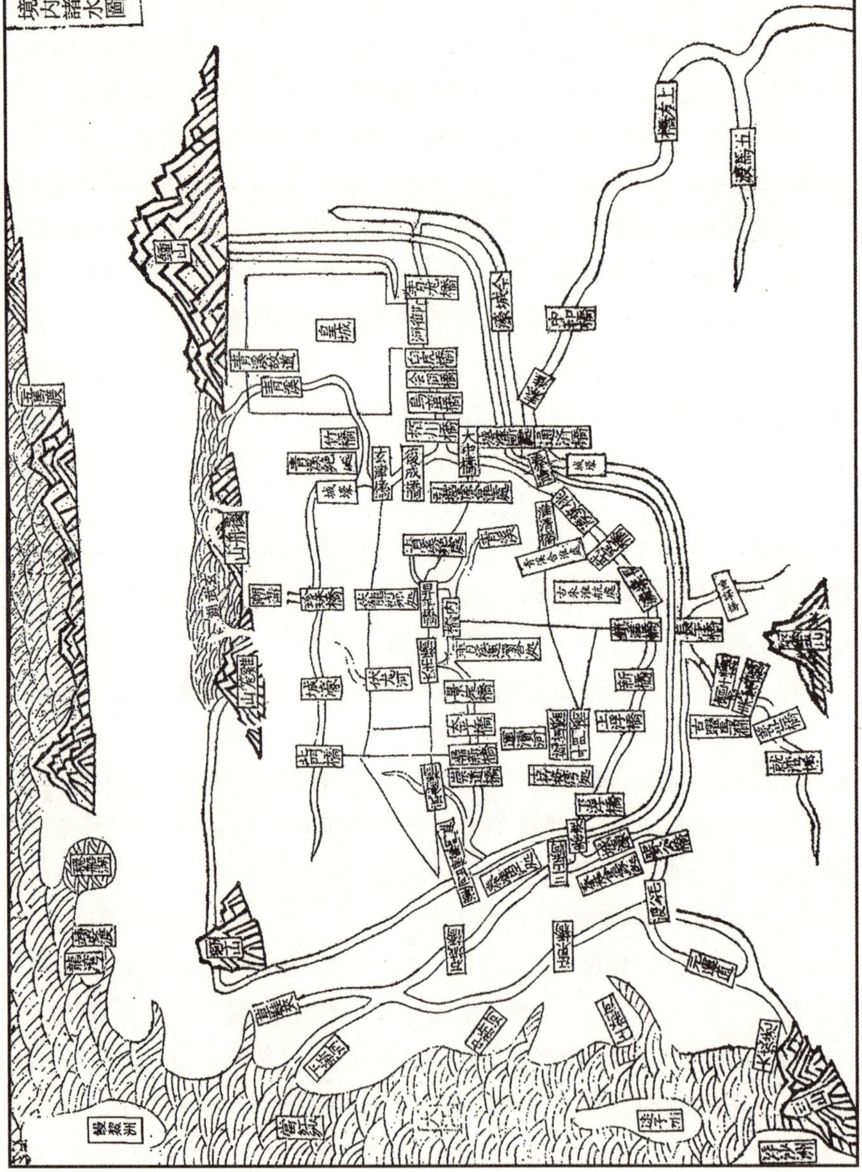

图 025 《金陵古今图考》中的境内诸水图

明初建都，将南京地区原有水系串连贯通，以至后世难以分别。正德年间陈沂撰《金陵古今图考》，在《境内诸水图考》中就明确说道："国朝开御河、城濠，今诸水交错互流，支脉靡辨。"他根据历史文献，对各水系流域重行考辨："自方山之冈垄两涯北流，西入通济水门，南经武定、镇淮、饮虹三桥，又西出三门[应为"山"]水门，沿石城以达于江者，秦淮之故道也。自太平城下，由潮沟南流入大内，又西出竹桥，入濠而绝，又自旧内旁周绕出淮青桥与秦淮合者，青溪所存之一曲也。自斗门桥西北经乾道、太平诸桥，东连内桥，西连武卫桥者，运渎之故道也。自北门桥东，南至于大中桥，截于通济城内，旁入秦淮，又自通济城外与秦淮分流，绕南经长干桥至于三山水门外，与秦淮复合者，杨吴之城濠也。自升平桥达于上元县后，至虹桥南接大市桥者，护龙河之遗迹也。自三山门外达于草鞋夹，经江东桥出大城港 与阴山运道合者，皆新开河也。东出青龙桥，西出白虎桥，至柏川桥入濠者，今大内之御河也。"所说护龙河，即南唐宫城护龙河，当时已只剩南面一线，实即秦淮中支之一段。

## 扑朔迷离金川河

明代建造都城引起的另一重大水系变化，是第一次将金川河流域包入城内。

讲到金川河，首先要说明的一点是，其水域出现甚早，但得名甚晚。一个普遍的误会，是以为明都城金川门因金川河而得名，其实恰恰相反，金川河是因金川门而得名。其原因就在于，金川河不像秦淮河那样是一条稳定的河流，其流域几经变化，并曾一度消失。清代人眼中的金川河，肯定不是六朝时的样子；而今人看到的金川河，又已不同于清代。

按今人的说法，金川河流域有两个源头，一支是清凉山及其余脉五台山、小仓山北麓之水，由南向北。清凉山虽然不高，但现代以来被作为南京城内的分水岭，其南水系归入秦淮河流域，其北水系则归入金川河流域。一支就是玄武湖水，由东向西。玄武湖与金川河关系密切，今人常将六朝时期玄武湖的入江水道称为金川河。但是现在从中央路大树根水闸入城的河道，可以肯定不是六朝时的入江水道，而更可能是北宋王安石废湖为田之际，所开十

73

字河的遗迹。所谓十字河,其北南流向的一条,是引水入青溪,成为杨吴城濠的水源;东西流向的一条,则由此曲折入江。按现在的金川河流域看,这两条支流在三牌楼模范马路以北汇合,再北行从金川门西的水闸出城,由今宝塔桥河入江。

如前文所述,早在南京建城之初,秦淮河就与居民、与城市建立了密切的关系,所以历代文献记载相当完整。然而,清凉山以北的水域,一则因为长期僻处城市之外,少有人关注,二则在北宋极寒枯水时期很可能湮塞干涸,所以竟久久没有得到命名。

金川河水域最早出现,是在距今二三万年以前。一九八三年,地质钻探资料证实,当时的秦淮河古河道,有一支由淮青桥经大行宫、浮桥,过鸡笼山与覆舟山之间通玄武湖,经模范马路、福建路一带,在狮子山东侧汇入长江。也就是说,当时玄武湖和现金川河下游都还是秦淮河入江水道的一部分。但是到三千多年前,秦淮河在鸡笼山与覆舟山之间被阻断,金川河下游便成了玄武湖的入江水道。

从古代文献中看,最初得名的是金川河下游的靖安河,或称古漕河,始见于南宋年间。《景定建康志》卷十九载:"古漕河,一名靖安河,自靖安镇下缺口,取道入仪真新河,八十余里。"同书引南宋初年吴聿《靖安河记略》,叙长江至此波涛汹涌,"东南漕计,岁失于此者什一二",严重影响了北宋的漕粮运输。为解决这一问题,"宣和六年,发运使卢公访其利病,得古漕河于靖安镇之下缺口,谓其取径道于青沙之夹江趋北岸,穿坍月港、籴港尾越北小江,入仪真新河,以抵新城下。往来之人,高枕安流八十余里,以易大江百有五十里之险,实为万世之利。役之始兴,扬子、六合、上元分治其所临之地"。

靖安河的疏浚,主要是为了官方的漕运安全,当时并没有把它与现金川河上游水域相联系,很可能上游与下游水域就没有贯通。此后方志文献,直到嘉靖《南畿志》,都是只有靖安河,不见金川河。但明都城城墙将金川河分为两部分,城内部分今称内金川河,城外部分称金川河或外金川河。据蒋赞初先生《南京地名考略》介绍,靖安河下游在明初有过一次改道:"明代初年因该河冗长曲折,行舟不便,改在石灰山(今幕府山)西开辟新的入江口,即今宝塔桥河,又称'石灰山河'。"

清代嘉庆《新修江宁府志》卷七,已将金川河上游水域归为靖安河支流,但仍无金川河之名。其称靖安河"支流自平桥下东南流,经外金川门有通江、临江、小复成诸桥,又流经内金川门之西入城,有大市桥、师子桥(在鼓楼北近三牌楼,接金川门闸,明初粮拨小船由此至北门,通大小锦衣仓、平仓)至北门桥入河,复迤西流至定淮门内之鹰扬营桥,又流经清凉寺后之西仓桥。"(图026)

  该书称靖安河水"东南流",显然是将河水的流向弄反了,但是书中所述"靖安河支流",则明确地记载了金川河流域情况。大市桥,即金川门内桥;师子桥,即湖南路、大方巷间的狮子桥。大小锦衣仓,当即大仓山、小仓山。小仓山即袁枚建随园之山,大仓山声名不著,袁枚《戊子中秋记游》曾叙及,指其在随园之南,则即今五台山;平仓在南京大学西,今青岛路北尚有平仓巷;南京大学北园内原有东西向河道。北门,指南唐金陵城北门;北门桥,即珠江路杨吴城濠上桥,"入河"即入杨吴城濠。其西向支流直至鹰扬营桥,即今北京西路与北阴阳营相交处的阴阳营桥,而北阴阳营即南京主城内重要的新石器时期遗址所在;西仓桥,当在大、小锦衣仓之西,今不详所在,然可肯定是在清凉山北,也即金川河源头之一。

  《同治上江两县志》卷四记长江流域南京段,与此相类而解释稍详:"江水又北迳草鞋夹,古靖安河水入焉。"亦引吴聿《靖安河记略》:"宣和六年,发运使卢宗愿得古漕河于靖安下缺口(草鞋夹之夹江),取道青沙(八卦洲)之夹江(观音门之夹江),趋北岸(通江集),穿坍月港、𪻐港尾下江,入仪真新河。"又说:"其支流自平桥下东南流,经外金川门,有通江(在金川门外通江,入稳船湖,一曰江桥。康熙丁未修)、临江、小复成诸桥。又流经内金川门之西入城,有大市桥、师子桥(在鼓楼北,近三牌楼,接金川门闸,明初粮拨小船由此至北门,通大小锦衣仓、平仓),至北门桥入河。复迤西流,至定淮门内之鹰扬营桥,又流经清凉寺后之西仓桥。"

  一九三五年编撰的《首都志》中,水道部分内容多引旧志,仍无金川河之名。晚清及民国老地图上,或标此河下游为运粮河,或不标河名。我所见最早标明金川河的地图,是一九六三年五月南京城市建设局勘察测量大队编印的《南京市城区及近郊道路水系图》。

  据一九九四年出版的《南京水利志》记载,金川河在明初筑城时,"上游西段被城墙隔开,通过大树根水闸与玄武湖相通;下游受金川门城墙约束,水量大为减少。上游的南段只到北京西路和云南路口一带,下游从金川门西水洞出城,汇护城河、玄武湖来水,经长平桥、水关桥至宝塔桥附近入长江"。又说,"民国

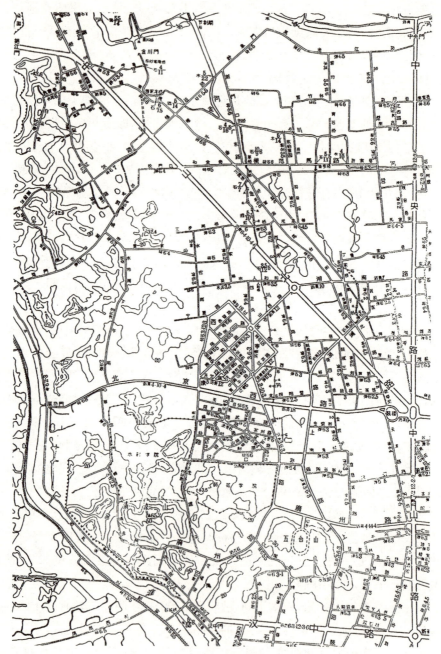

图 026　一九六三年地图，城北金川河流域

31年（1942），疏浚金川河，改建涵洞11座，是年12月，疏浚虹桥河，改建涵洞12座。1958年城内干流裁弯取直，自东瓜圃桥起向北至老城墙基段，废老河开新河……城外自老城墙基向北经安乐村至宁沪铁路涵洞，开新河"。可以说，金川河流域直至此时才算完全贯通，相对稳定。

## 金川河流域细述

现在的金川河流域，分为主流、老主流、中支、东支、西支、北支等水道，其复杂仍常令人困惑。因分别稍作介绍。

西支，自虎踞北路回龙桥小学，经南师大附中，过察哈尔路，绕省邮电管理局，穿过中山北路，经政治学院，至萨家湾汇入老主流，部分河道已改为地下涵管。回龙桥原在虎踞北路东侧，现已消失。回龙桥路西端即古晚市所在，旧或有水道连接外秦淮河。

中支，是金川河老源头之一，虽北阴阳营以上河道已完全湮没，但仍属水道最长的支流，现自北京西路宁海路口过阴阳营桥、西桥、大方巷桥、陈家巷桥、山西路桥、山西新村桥、人和桥、中山北路桥、虹桥，汇西流湾来水，过新模范马路桥、三牌楼桥（斜桥）、草桥、倒桥，在邮电大学北侧汇入主流，也有相当一部河道改为地下涵管。现在经过大方巷、山西路一带，常闻到下水道传出污臭，即金川河水污染所致。西桥，因地处鼓楼之西而得名，一九〇八年建，位于大方巷桥之南。人和桥在山西路广场西北，人和街十三号旁，原无名，一九六一年改建钢筋水泥桥后命名。中山北路桥，一九二九年建。虹桥位于中山北路东侧、虹桥路中段，因拱桥形似彩虹而得名，其西有祁家桥、三步两桥。虹桥东南有西流湾，因水流向西北汇入金川河而得名，今建有西流湾公园。新模范马路桥在新模范马路西段，南京工业大学建筑学院北端，一九七七年新建。草桥在中山北路三牌楼东、模范马路西端，据说南宋乾道年间翰林洪遵始建。倒桥旧名广和桥，因位于金川河南北、东西十字交叉处而得名；后因桥不牢固，屡次倒塌，被叫成倒桥。

东支，自玄武湖经大树根闸入城，穿过中央路，一支经裴家桥、狮子桥至丁家桥，一支经童家巷至丁家桥，北行经中大医院、过医平村桥、新模范马路桥，汇入主流，部分河道改为地下管道。裴家桥、狮子桥、丁家桥均仅余路名。童家巷旧名三塘湾,因有三水塘相连,现巷南侧有支巷名塘湾。

北支自后大树根穿过中央路,过芦席营桥(倪家桥)、许家桥,北行至紫竹林,过青石桥西行,过蔡家桥、倒桥、吴家桥入主流。

老主流自倒桥过西瓜圃桥、福建路桥、铁路桥、大石桥北行至金川门闸出城,汇入城濠。老主流经过的福建路桥,位于福建路西段。

一九五八年改道形成的主流,自倒桥西北折,经东瓜圃桥、福建路桥(福建路东段),北行出城,与城濠相交,继续北行,过长平桥、水关桥、二仙桥,沿回龙桥路北行,过宝塔桥入长江。东瓜圃桥即新民门外新民桥。二仙桥已消失,二仙桥路今称宝塔桥东街。回龙桥仅余路名。宝塔桥,古名伏沉桥,因此处江岸时有坍塌,遂在西岸建宝塔以镇江水,桥亦改名。

## "人家尽枕河"

说到"人家尽枕河",人们不免会想到苏州。然而,历史上的南京,水网之密不亚于苏州,也曾是"人家尽枕河"的江南水乡,居民区近水而建,街巷与河道平行,随河道曲折。六朝时期,经常有人以船为屋,就住在船上。

《世说新语》中留下了不少与"船居"相关的故事。

《世说新语·文学》中记载,张凭被举为孝廉后,从苏州来到建康,去拜访丹阳尹刘惔,相谈甚欢,留宿在刘府。第二天早上张凭回到船上,不久,刘即派人"觅张孝廉船"。《世说新语·赏誉》中说,曾雄踞凉州的张天锡初到建康,"犹在渚住",就有人去拜访他。这是初到建康的人住在船上。

《世说新语·德行》载:"周镇罢临川郡,还都,未及上住,泊青溪渚。王丞相往看之。时夏月,暴雨卒至,舫至狭小,而又大漏,殆无复坐处。王曰:'胡威之清,何以过此。'即启用为吴兴郡。"临川郡守周镇任满回建康,还住在小船中,丞相王导就去看他,结果淋了一场雨,认为西晋有名的清官胡威也无过于此,当即委任他到富庶的吴兴去当郡守。"未及上住",说明他在岸上是可以有住处的。

《世说新语·任诞》载:"王子猷出都,尚在渚下。旧闻桓子野善吹笛,而不相识,遇桓于岸上过,王在船中,客有识之者,云是桓子野,王便令人与相闻,云:'闻君善吹笛,试为我一奏。'桓时已贵显,素闻王名,即便回下车,踞胡床,为作三调。弄毕,便上车去。客主不交一言。"这个故事很有名,其中也反映出,当时的一些社交活动是在船上进行的。与此相类的是《世说新语·文学》所载:"袁虎少贫,尝为人佣载运租。谢镇西经船行,其夜清风朗月,闻江渚间估客船上有咏诗声,甚有情致,所诵五言,又其所未尝闻,叹美不能已,即遣委曲讯问,乃是袁自咏其所作《咏史》诗。因此相要,大相赏得。"镇西将军谢尚乘船经过江边洲渚,听到袁虎在船上咏诗,意外地发现了人才。袁虎,即"倚马可待"的袁宏。而

《世说新语·任诞》载:"温太真位未高时,屡与扬州、淮中估客樗蒲,与辄不竞。尝一过大输物,戏屈,无因得反。与庾亮善,于舫中大唤亮曰:'卿可赎我!'庾即送直,然后得还。经此数四。"估客们不但住在船上,还在船上开赌场。(图027)

《世说新语·政事》载:"谢公时,兵厮逋亡,多近窜南塘下诸舫中。或欲求一时搜索,谢公不许,云:'若不容置此辈,何以为京都。'"谢安执政时,逃亡的兵士和仆佣,多隐匿在秦淮河南的横塘一带船中,依附富家豪门,使国家户口流失。因为船舶流动性大,不易被发现。有人要求同时行动大搜捕,谢安不同意,认为京师要有包容之量,为政宜从宽。由此可见当时民间以船为屋的情况相当普遍。

《运渎、潮沟和青溪》一文中,叙述了六朝时期南京主要水道的情况。当时的水网肯定相当密集,但我们已无从掌握具体的资料。

宋代枯水时期,秦淮河的水道收窄了近一半,运渎、青溪及其他河流也都出现堙塞。河岸土地很快被居民占据利用,居民在空出的河岸上建房,形成了秦淮河房的建筑特色。我们看到苏州地区的沿河建筑,多是面河而居,房屋与河道之间常有道路相隔。秦淮河房却是背对河道,另在门前形成街巷,这一建筑形式的产生,是因为它具有与苏州不同的背景因素和功能需要。当然南京的河房,都有下达河面的阶梯,以便取水用水,与河船中的人进行交流。

近百年来,南京城市建设的发展速度远超前代,自然地理环境变化巨大,河湖池塘等水系的消失尤为严重,秦淮河房几乎全军覆灭,以致有人竟误以为南京是一个贫水的城市。而水系破坏引起的一个直接后果,就是城市蓄水、泄水功能的下降,每逢暴雨,某些城区即会出现严重内涝,积水数厘米甚至数十厘米。有些地段,如中山东路大行宫一带,广州路人民医院一段,居然也会淹水,常令人觉得不可思议。然而,如果了解该地历史上的水网情况,就不会奇怪了。

二十世纪八十年代,人们尚

图027　清人画,丁帘消夏

可凭借以桥命名的街巷,联想起旧时的河流。近三十年的"老城改造",又使大量历史街巷、历史地名消失,有些地名虽存,而街巷面目全非,仅凭一个孤立的桥名,已无从想象昔年的河流情况,更不要说完整的水系面貌了。

我们这一代人,对于这次巨变之前的城市面貌尚留存着较清晰的记忆,因而有可能根据历史地名、历史文献与老地图、老照片,复原出百年前的城市水系网络。以后的人如果再想做这项工作,难度肯定比我们要大得多了。

## 明代方志中的水道桥梁

我们现在面对的南京老城区,主要是以明代初年所建的都城城垣为界。《城垣与水系》一文介绍了南唐与明初建都时,城垣影响下产生的水系变化,以及相对稳定的新水系。本文的研讨即以此为基础,尝试说明明清以来的南京城内水系变化情况,及其在二十世纪中叶的面貌。(图 028)

《洪武京城图志》中,有《京城山川图》《街市桥梁图》,但只有大江、秦淮河、秦淮中支、御河、杨吴城濠、运渎、青溪及玄武湖等主要的河流水域,桥梁一节记述亦简略,且桥梁排列无序,难以深究。嘉靖《南畿志》卷四所记水域情况,也是过于注重历史地名,现实水域只对大江、秦淮、运渎、青溪、玄武湖、珍珠河、靖安河、莫愁湖等作了简略介绍,而对已消失的太子湖、燕雀湖、张阵湖、娄湖、横塘以至投书浦、天渊池、覆杯池、景阳井、曲水、西浦等津津乐道。幸其对桥梁介绍稍详,且依流域为序,条理清楚:"桥之跨秦淮者曰武定(在淮清桥西南)、镇淮(在武定桥西)、饮虹(在镇淮桥西)、上浮(在饮虹桥北)、下浮(在上浮桥北)。跨御河者曰青龙(在东长安门外)、白虎(在西长安门外)、会同(在会同馆前)、乌蛮(在大通街北)、柏川(在乌蛮桥西)。跨古城濠者曰大中(在复成桥南,即古白下)、复成(在大中桥北)、玄津(在西安门外)、北门(在洪武街南)。跨运渎者曰斗门(在三山门里)、乾道(在斗门桥北)、笪桥(在评事街北)、武卫(在笪桥西)、景定(笪桥东)。跨古城河者三(内桥、东虹、西虹)。跨青溪者多湮塞,余惟三(淮青、太平、竺桥)。城外诸水之桥十(正阳、三山、聚宝、通济、石城、来宾、重译、江东、赛工、善世)。"我们由此可以大致看出几条主要河流的流域情况。这里说的饮虹桥,即《洪武京城图志》中的新桥。古城河则指南唐宫城护龙河。

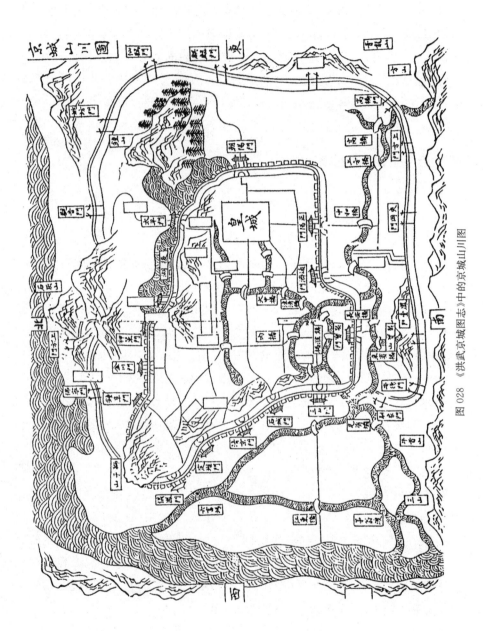

图 028 《洪武京城图志》中的京城山川图

稍后,万历年间的《客座赘语》卷六中述桥梁,又提到了珍珠桥和莲花桥。同时说明,上述河流已有不同程度的堙塞。《客座赘语》卷九载:"留都自秦淮通行舟楫外,惟运渎与青溪、古城濠可容舴艋往来耳。然青溪自淮青桥入,至四象桥而阻。运渎自斗门桥入,西至铁窗棂,东亦至四象桥而阻。以其河身原狭,又民居侵占者多,亦为堙塞也。顷工部开浚青溪、运渎,其意甚是,然此河之开塞,仅城中民家利搬运耳。"舴艋是一种很小的船。而较大的船只有秦淮河尚能通行。这里说的青溪实指秦淮中支,秦淮中支曾经是重要的交通水道,但此时四象桥一带堙塞严重。民间旧有"好水流不到四象桥"的说法流传,近人有各种牵强附会的解释,其实就是因为河道堵塞。

## 门东曾有小运河

比较这几种文献,我们可以说,明代南京城内主要水域变化不是太大。但是如果细作分析,似也还可以有其他的结论,如几位著者关注的重点,主要在历史上流传下来的水道、桥梁,在掌故而不在现状;如他们都没有提到城北金川河流域,他们也都疏忽了新出现的较小支流,如进香河、门东小运河。进香河下节细说,这里且说小运河。

今老虎头北蟒蛇仓,系明代留守后仓,旧且有仓门口地名。为方便运输,所以开小运河。这一带原本水网密集,而且小运河水道曲折,所以很可能是通过疏浚整理而形成。现小运河已湮没,只能根据沿途留下的桥名推出当时的流向。(图029)

小运河自夫子庙秦淮河金陵闸东行,过金陵桥,穿过东花园(今白鹭洲公园)内湖塘。白鹭洲公园西门内接驾桥,明代名苑家

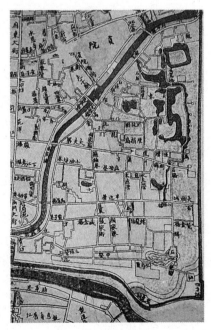

图029 地图,小运河

桥,系看管东花园苑老所建。再过长板桥,即"金陵四十八景"中"长桥选妓"之地。按白鹭洲公园以东,明末清初尚属沼泽,故建长板桥以通行人,后桥废,两旁筑石埂以通行,名石坝园,后完全成为道路,称石坝街。由此南折,过长乐路东端马家桥、石桥、麦子桥。由此转向西南,过小星桥,民国年间已易名小心桥,有小心桥路,一九五〇年并入马道街东段,现仅余小心桥东街。复西南行过星福桥,现名心腹桥,因其地处边营、中营、三条营中心,心腹桥小巷南至剪子巷,北至马道街。此后水分两支,一支向东南至双塘,一支折向西过采蘩桥,后名蔡板桥,仅存地名,东至马道街,西至张家衖。再转南,过藏金桥,仅存地名,即剪子巷东段旧称,过观音桥,至五板桥。这一条小运河,现仅存老门东景区(原张家衖和五板桥)内一线流水。

## 清代中期的主要河道

清代南京地区方志类著述众多,嘉庆十六年(一八一一)吕燕昭主修的《新修江宁府志》,反映了清初承平一百七十年间,南京城市建设发展的情况。其卷七中详细叙述了当时城内河道流域情况,可与此前史籍记载比较,也可以看出近二百年间的水道变化。

其叙秦淮河:"淮水自通济门入东水关,与杨吴旧城濠合,又西至淮青桥,与青溪合。淮水又西南过武定桥,经镇淮,西北过新桥,又西北至斗门桥,与运渎合,又西北出西水关,与城外濠水合,遂沿石头城以达于江。"这里明确标示了河流的流向,是其优点。"十里秦淮"流域自南唐建上水门、下水门后定型,直至现代,没有大变化。

明御河:"在上元,驻防城内,东出青龙桥,西出白虎桥,至百川桥入城濠。"驻防城即八旗驻防城,据明皇城向东、南扩建而成,为清代八旗兵与家属集中居住区。

杨吴城濠:"在上元、江宁之境,今自干河崖南转出北门桥(按:旧志叙杨吴城濠,皆自北门桥始,今考其形,自北门桥而上有沟名干河崖者,亦杨吴之旧迹也。今河虽涸竭,而水发时则经焦状元巷小桥流出,其故道殊未堙云);又南过莲花桥,与进香河合(按:进香河相传为明初开。明南京工部尚书丁宾题准开浚河道疏云:由十庙西门,旧名进香河,新建桥新仓桥、大石桥、严家桥、莲花桥,出正河。按:今进香河由十庙九眼井出,经进香桥、石桥、西仓桥、红板桥、仙鹤桥、进贤桥,至莲花桥合于濠水);又南过浮桥与珍珠河合;又西转至竹桥,青溪之水自驻防城下入焉;又西过复成桥,明御河之水自驻防城下入焉;又西过大中桥,至东水关与淮水合。"干河崖,即干河沿。其将干河沿归入杨吴城濠,是正确的。当时干河沿已面临涸竭,现在则完全湮没。十庙在鸡笼山下,进香河实为古潮沟遗址,宋代以后淤塞,明代重行疏浚,现又已成为地下水道。竹桥即今竺桥,是青溪与杨吴城濠相交处。但这一节中的水道流向多有错误,杨吴城濠应自干河崖东行过莲花桥、浮桥到竹桥,南转至玄津桥、复成桥、大中桥。另进贤桥系成贤街过杨吴城濠之桥,不在进香河上。(图030)

潮沟:"在上元,疑即陈之珍珠河也。今自太平门北水关入城,经土桥、珍珠桥至浮桥,合于杨吴城濠之水。"据河上桥梁可以判定,此水不是古潮沟,而是珍珠河,系城北堑进入台城的支流,现仅存一线。值得一提的是,珍珠河上还有一座浴沂桥,位于鸡鸣寺南京市政府门前,是跨珍珠河北端第一桥,一度被误为浴河桥。因此地原为明代国子监,"浴乎沂"源出《论语》,是孔子所赞赏的生活方式,故以此命名国子监前桥。

运渎:"运渎在上元、江宁之境,今自笪桥西南过南、北乾道桥,至斗门桥入于淮水。自笪桥而东北转,至大市桥,与护龙河合;又东至内桥,与青溪合。自笪桥而西,经仓巷、望仙诸桥,直抵西城,循铁窗棂而出。"六朝运渎,此时北段已湮没,仅存笪桥以南一段,而这一段现在也已完全湮没。笪桥东、西水道,现归为秦淮中支。

青溪:"在上元,古溪水发源钟山,北通潮沟而南流入于淮,自杨吴城金陵,其水遂分为二,其一自驻防城内穿城而西出,北转至竹桥,合于杨吴城濠之水;其一自内桥至升平桥与护龙河合,又过四象桥至淮青桥与淮水合。"竹桥即今竺桥。青溪残存水道,现在大体如旧。

该书中所记载的城内桥梁,较明代记载有较多增加,如杨吴城濠上增加了新浮桥(即今成贤街口的浮桥)和通贤桥(北通成贤街);跨珍珠河的桥又增加了珍珠桥北的土桥;跨进香河桥,在莲花桥北又依次增加了严家桥、红板桥、石桥、西仓桥、进香桥。此外,跨金川河的有狮子桥、斜桥、草桥、金川门桥;定淮门内有回龙桥;新街口北有塘坊桥,新街口南有漾米桥;城南增加了疑为古青溪上的董家桥、五老桥、寿星桥、钱厂桥、六水桥、栏杆桥。而秦淮河上也增加了桃叶渡口的利涉桥和夫子庙前的文德桥。这些变化,可以认为是城北地区在这一阶段

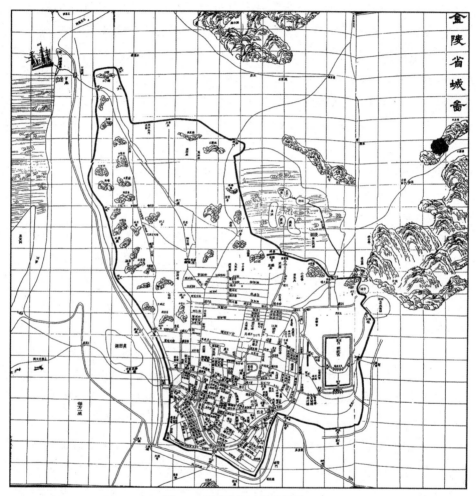

图 030　唐继淙绘《金陵省城图》

得到了较大的发展。鼓楼以北在明代作为军垦区,清代打破了这一格局,随着市民活动的推进,桥梁建设自是必不可少。

## 城北地区的支流沟渠

《新修江宁府志》中引录乾隆年间刘湘煃《城内沟渠考略》,对于支脉水网的介绍,尤有参考价值。文中以杨吴城濠和秦淮中支为经,将老城区分南、北两片叙述。有趣的是,这南北两片的分界,竟在新街口一线。

这是我所见到历史文献中第一次出现新街口这个地名,大约也是新街口被作为南京城区南、北分界点的最早记录。关于新街口的成因,会在《街谈·巷议》一文中详说。

因为古今地名变化较大,不熟悉古地名的人,仍然难以弄清各条水道的来龙去脉,所以我将已变化的古地名与现地名做相应对照,而现在已消失的街巷,则说明其大致的方位走向,以便于今天的读者理解。对于该水道的现状,也尽量加以说明。

先看城北部分,其以杨吴城濠为经,自西向东,逐一叙述汇入的支流:"城北之河,起干河沿,东行至北门桥,而红土山东、永庆寺南之水,自豆菜桥东,经高家酒馆大街北折,经居民园内,穿花家巷桥,又穿韩家巷桥,北经民居,又北穿陆家巷桥,经民居而北,由馒头桥入焉。"干河沿至北门桥河道,即属杨吴城濠。永庆寺即白塔寺,原在今百步坡东永庆巷,则红土山应即清凉山之余脉。直到二十世纪八十年代,永庆巷南山坡下还有流水不断,现在仍有水流断续至豆菜桥。此水经高家酒馆北折,穿过今中山路,中山路东侧的东西向小巷,自南向北,依次为花家巷、韩家巷、陆家巷、汇文里,则馒头桥当在汇文里近北门桥处。汇文里是后起的地名,因汇文中学(今人民中学前身)而得名。此水沿途多次穿过民居宅园。现高家酒馆以下已完全湮灭。

"东过北门桥至莲花桥,而进香河之水入焉。"进香河自鸡笼山下向南,即今进香河路一线。跨进香河的桥,前人说法不一,通常称"进香河五桥"。以《同治上江两县志》中的《二县城内图》看,自北向南共有六桥:西仓桥,即新仓桥、进香河桥,后拓入北京东路。石桥,即大石桥、石板桥,现仅余路名,东至进香河,西至丹凤街;路北通荷叶巷,旧名九连塘,清代尚有九塘相连,遍植莲荷;东南侧原有金陵官绅昭忠祠,园中有临河水榭。红板桥,即虹板桥,现存路名。严家桥,现存路名。莲花第五桥,应为进香河上最南一桥。莲花桥则是跨杨吴城濠之桥,现位于进香河与杨吴城濠汇合处;桥北面河旧有莲花庵。旧有莲花桥路东至通贤桥,一九三四年并入珠江路。而老虎桥则位于四牌楼与通贤桥之间,不属进香河五桥之一,现存路名。

"又东过通贤桥。而红土山东南之水,自小五台园上东旁诸塘,由园上经管家桥穿街,又经园上小桥,则水渐大如渠,东经民居,由塘坊桥穿高井大街,又经民居,直至沐府西门之内始出街。经小石桥折而南,循小紫竹林之街而东,又至横街,旧有小桥,修街者毁之,其流遂断,转而北折山塘边,经上乘庵后墙之外,绕庵北鱼塘,又有小石桥穿街,东北数十步,即马家桥,而中为塘埂所阻,至马家桥则北流,循香铺营街之东,穿过数小巷,直至鸡鹅巷街南,又折而东,经民居,由观音阁后,亦经民居东出小巷。而网巾市北大仓园石板桥之水,由园上经如意桥入焉。东又经民居,至大椿树而入杨吴城濠。"这一支仍是五台山余脉之水,自西向东,诸塘、诸园,当即今小铜银巷、大铜银巷、沈举人巷一线。管家桥桥址原近沈举人巷口,与糖坊桥之间旧有老米桥,当即此"园上小桥"。沈举人巷与糖坊桥之间,原新街口西北角摊贩市场中,二十世纪中叶尚有两个大水塘,在建金陵饭店时才最后消失。高井大街,即今丰富路一线,由南向北旧称头道高井、二道高井、三道高井,为旧时自西南向东北的干道。由此可知当时新街口即在交通干道上。一九三一年新街口广场建成,广场以北的高井大街遂以糖坊桥为名。塘坊桥北头,长江路估衣廊东,廊东街附近即原沐府西门,这一段水道都在民居中穿行。此后水道南折,小紫竹林在今青石街北端田吉营一带,据说田吉营原名田鸡营,因水塘多田鸡而得名。二十世纪八十年代青石街尚有河道、水塘、小园,街南旧有刘军师桥。青石街东通向上乘庵,今拓并入洪武北路。马家桥在香铺营。香铺营今亦拓入洪武北路,其街东小巷,有相府营、安将军巷、红庙等,到鸡鹅巷已至杨吴城濠南岸,复东行经观音阁,汇入杨吴城濠。观音阁在鸡鹅巷南、网巾市北、如意里西。如意桥即如意里旧称,大仓园后拓并入长江路,此处又有一细流汇入。这一支流沿线的桥多已消失,地名亦多改变,但仍可以清楚看出其流向。

"又稍东,而制府署后诸小巷之水,东北由查巴塘、黄家桥、华严庵北,流经石婆婆庙右入焉。"制府署即两江总督署,今总统府所在。黄家桥在黄家塘,南起东箭道,北至长江后街太平桥,原名青溪里。石婆婆庵在今太平北路西,北近浮桥。这一段水道,当亦属青溪故道遗迹。

"又东经竹桥,而满城有水,自小闸口入焉,即古之所谓青溪也。又南经西华门桥、复成桥,而倭缎堂东之水由仓前入焉。又南,而旧大内五龙桥之水,自半边桥入焉。又南,经大中桥,而南流注于秦淮。此县治在北之水也。"竹桥即今竺桥,杨吴城濠经竺桥转向南流。满城即驻防城。大内五龙桥之水,即明御河水,半边桥即柏川桥。这一段水系相对明了。

## 城南地区的支流沟渠

新街口以南部分,其指为以运渎为经,实际上说以秦淮中支为经当更准确。"其在南者,以运渎为经,自内桥西过鸽子桥、笪桥,分为二支。一支由乾道桥南流于江宁界,至陡门桥入秦淮。一支经鼎新桥、西经仓巷桥,而王府巷南、朝天宫前之水入焉。又西经望仙桥,而古城隍庙西之水入焉。又西经张公桥,而石城门东、冶城山之西之水入焉。自内桥以西,其流皆甚短,而地鲜积潦,其水皆随运渎而西出铁窗棂以达于外河。"这里说的是秦淮中支内桥以西段及古运渎南段。自笪桥南流至陡门桥入秦淮的是古运渎南段遗存,一九三六年河道已填成红土桥路,南起升州路原陡门桥,北至七家湾草桥。自笪桥西流经铁窗棂(今涵洞口)入外秦淮河的,属秦淮中支,在今建邺路旁。望仙桥以南有范家塘,民国年间尚存池塘。石城门东之水,亦五台山余脉之水,经虎贲仓前石桥(今莫愁路西有石桥村)、侯家桥,至张公桥入秦淮中支。侯家桥正在山之西。(图031)

"自内桥而东,则水东流。而铁塔仓山东之水,自董家桥穿街,东经园上,循丰府巷之南而东流,又穿两小巷,于民居内东穿高井大街之漾米桥。而王府巷东北、叶家桥以东之水皆会焉。又东循明瓦廊而东,或出街外,或入民居,又东至白塔大街之北首,入民居,又东出园上,沿途阻碍,秽恶不堪。"铁塔仓,即铁塔寺仓,《洪武京城图志》:"铁塔寺,在朝天宫后冈上……今有塔无寺。"朝天宫北,今三茅宫西原有宫后山,旧称铁塔寺山,属冶山余脉。《白下琐言》卷一载:"铁塔寺后,山势绵亘,为冶城来脉,屡被取土者偷挖,几成断凹。"漾米桥在明瓦廊与高井大街相交处,董家桥或在朝天宫东。当时有丰府巷、小丰府巷、大丰府

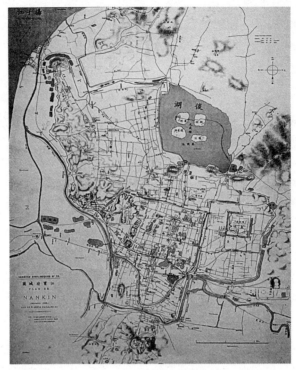

图 031 盖拉蒂绘《江宁府城图》

巷,丰府巷即今石鼓路一线,小丰府巷即今铁管巷,南过三茅宫通小王府巷,大丰府巷即今丰富路北段,其南即高井大街。此处所说王府巷即小王府巷,在朝天宫东北。叶家桥,晚清已改称易驾桥,近朝天宫观剑池。这一支流皆冶山以东之水,俱相汇于漾米桥,复沿明瓦廊继续东行。白塔大街位置不详,据上下文意,应在明瓦廊东。按大香炉得名,是因龙翔寺铁鼎,而龙翔寺亦有白塔,白塔大街或即大香炉。其东有园,即张府园。这一段河水当时已污染严重。

"而新街口南之水,至破布营东与之相会。又东而南,由园上经永安桥,又南而东,入民居,经小宰猪桥,又经园上,循羊皮巷街南,而东入民居,东穿卢妃巷大街,经大虹桥而东,而老王府之水东南流至大街,循大街南流在民居内,将至大虹桥之水合焉。"当年破布营北通香铺营,南接明瓦廊。破布营东南有皇圉园、春水园,再南有武学园,皆可称"园上"。卢妃巷即今洪武路南段,北接小虹桥,老王府即今洪武路北段旧称。这里说的大虹桥,即今洪武路、户部街口之桥,旧称虹桥、小虹桥。新街口以南汇聚之水,老王府西北来之水,都在小虹桥汇合。可见小虹桥是当年重要的水口,正如《客座赘语》卷一中所说,"东虹、西虹两桥北达之水,环络交带,俱绾毂于此"。当年新街口一带水网密布、穿街过户的情况,历历在目,但由于水道曲折,多堙阻不畅,污染严重。

正是这些水网的存在,为我们追寻已湮灭的运渎故道北段,提供了重要的启示。

"自虹桥东流,循户部街南、宰牛巷北,皆在民居之内东流。而土街口东南之水及邮政街内之水,则由铁汤池东南穿街,经诸塘,又穿街,经龚家桥,又穿街经诸塘,而东南至户部街西小石桥穿街而南,入民居,与虹桥之水合流。又东出宰牛桥,桥虽小而水长盈。至桥东,而党公巷之水自北入焉。又同入民居南流,经王景亮官房之内南出,至书院后,而五圣堂小桥之水自入焉。"户部街南有宰牛巷。土街口即今中山东路、洪武路口,其东即邮政街,后皆拓并入中山东路。当时自铁汤池至户部街间,有三个大水塘,街南还有一个鸭子塘。党公巷在今淮海路东段。书院即钟山书院,在今白下路广艺街东,娃娃桥南。当年洪武路两侧水网密布,池塘也多。

"又东流抵花牌楼大街,循街而南,经民居出街,循书院东墙而南。而制府署前之水则由离子巷、大阳沟之五老桥,南流经寿星桥,再南穿常府大街,顺街西折入小巷,经小桥西南九莲塘,又西循倒回子巷,顺巷而南,经倒回子桥,又南经下卫桥,经大塘西转,由苍桥而会宰牛桥之水于书院之东合流。南经钱厂桥而西,南绕书院前,经六水桥,而西方庵北之水,由通忠桥循龙王庙西,而南经大塘,又旁民居之后而东流,会于六水桥之西合流。南经娃娃桥,此盖古之护龙河久而湮者也。"花牌楼大街即今太平南路杨公井以南一段旧名,南行经过白下路,此水又循钟山书院东墙南行。而两江总督府南之水,则自东箭道南行。大阳沟在科巷南、文昌巷北,一九五一年填沟成路,后名新巷。五老桥、寿星桥均在今利济巷一线,今尚有五老村。常府街西口有常府桥,其西南九莲塘,在今杨公井东,旧名九连塘,即常遇春府花园内九塘相连。倒回子巷不详,常府桥南时有太平桥、校尉桥、史桥。苍桥即仓桥,在马府街西口,当钟山书院东北角。其南即钱厂桥,当钟山书院东南角。水道由此向西,绕行钟山书院南面。六水桥、通忠桥不详。西方庵在鸭子塘南,龙王庙在西方庵东、钟山书院北,则两水当会于钟山书院西北角。附近即娃娃桥,也就是南唐护龙河上的东虹桥。

"至娃娃桥南。而细柳巷、栏杆桥之水西流穿花牌楼大街而西,旁兴隆庵东而南而西,由三山桥而出,会于娃娃桥之南。沿途壅塞亦甚。又合而南流,至县治东,而西方庵南之水与鬼脸营之水,穿县治东北之围墙东出而会焉。又南流经升平桥,而入古城濠。东南流至银定桥,而王府塘、八府塘之水自北入焉。又东南流至淮青桥,而入秦淮。此皆上元城内沟渠之最大者。"栏杆桥在马府街东口,细柳巷在栏杆桥北。兴隆庵、三山桥不详。县治即上元县治,在今白下路南、广艺街东。鬼脸营,今名闺奁营,在西方庵与洪武路之间。以上诸水均在升平桥汇入秦淮中支。银定桥即银锭桥,在八府塘南秦淮中支上。《白下琐言》卷三载:"旧王府塘、八府塘两处屡有溺人之患……嘉庆丁丑,疏浚支河,尝抛弃瓦砾于其中,以图填塞,继有沮之者,遂中止,而患仍未绝。"可见当时两塘水相当深。

　　如著者所说,这还是城内"沟渠之最大者",更小的支脉尚未收录在内。即以秦淮河流域论,门西一带秦淮小支流亦未叙及。而清凉山、五台山以北的金川河流域,也不在此文范围之内,但前面《城垣与水系》一文中已有介绍,不再赘述。即便如此,直到晚清,南京城南城北,仍遍布"小桥流水人家"景象,说"人家尽枕河",不能算是夸大其词吧!

# "小长干接大长干"

长干里,与秦淮河、白鹭洲一样,也是由唐人诗歌传扬天下的金陵胜迹。

最著名的自然要算李白的《长干行》:

"妾发初覆额,折花门前剧。郎骑竹马来,绕床弄青梅。同居长干里,两小无嫌猜。十四为君妇,羞颜未尝开。低头向暗壁,千唤不一回。十五始展眉,愿同尘与灰。常存抱柱信,岂上望夫台。十六君行远,瞿塘滟滪堆。五月不可触,猿声天上哀。门前迟行迹,一一生绿苔。苔深不能扫,落叶秋风早。八月胡蝶来,双飞西园草。感此伤妾心,坐愁红颜老。早晚下三巴,预将家书报。相迎不道远,直至长风沙。"

随着"青梅竹马"、"两小无猜"这两个成语不胫而走,长干里也成了南京老城区的代称,成为一种乡愁的寄托。(图032)

有趣的是,一千多年间,被无数骚人墨客歌之咏之的长干里,越来越蜕化为一种文学意象,它的实际状况少有人探究,甚至连它的地理位置也成了一个谜。最能引发人联想的是中华门外两侧的东干长巷和西干长巷,近年有人要求将其改名为东长干巷和西长干巷,地名专家出面也没说清为什么不能改。

## 《南京地名大全》误说长干里

最新版的《南京地名大全》中则说长干里"位

图032 明版画,长干春游

于雨花台北,今中华门外雨花路两侧及附近地区";只有小长干巷的位置说得较为明确:"在瓦官南巷,西头出江。"这一句正确的标点应是"在瓦官南,巷西头出江",小长干巷是一条西头直达江边的里巷,位于瓦官寺的南边,并不是在"瓦官南巷"中。而瓦官寺的位置可以肯定在凤台山麓,可见东西走向的小长干巷大致位于越城之北。该书又引"左思《吴都赋》刘渊林注":"建邺南五里有山冈,其间平地,吏民杂居,东长干中有大长干小长干,皆相连。大长干在越城东,小长干在越城西。地有长短,故号大小长干。"这一段引文,读来尤令人困惑,小长干既在越城西,西头已抵长江边,怎么会还在东长干之中呢?大、小长干的得名是因"地有长短",那么东长干的"东",又是因何而言呢?

然而,左思是西晋人,曾亲赴东吴故都建业考察,长干这地名最早见于史籍,就是《吴都赋》;作注的刘渊林又是左思同时代人,似让人不能不信。

以我读书的经验,我怀疑是其所引文本有误。刘渊林注《吴都赋》,见于《六臣注文选》卷五。而《六臣注文选》的通行本,首推中华书局影印宋刊本为佳。查该书《吴都赋》,此节原文是:"列寺七里,侠栋阳路,屯营栉比,廨署棋布。横塘查下,邑屋隆夸,长干延属,飞甍舛互。"注文是:"刘曰:建业宫前,宫寺侠道七里也。廨,犹署也;吴有司徒、大监诸署,非一也。横塘、查下,皆百姓所居之区名。江东谓山冈间为干,建邺之南有山,其间平地,吏民居之,故号为干,中有大长干、小长干,皆相属。"

《南京地名大全》的引文,与此差异明显,可以肯定非出于此本。后查明其出自中华书局出版王利器先生撰《颜氏家训集解》,系该书附录二《颜之推传》的注文中,转引卢文弨的话:"卢文弨曰:刘渊林注《吴都赋》:'建业南五里有山冈,其间平地,吏民杂居,东长干中有大长干、小长干,皆相连。大长干在越城东,小长干在越城西,地有长短,故号大、小长干。'"卢文弨是清代乾隆年间的著名校勘学家,所以这段引文似乎没有人怀疑过,刘世珩《南朝寺考》亦曾转录。然而其中所引刘渊林注文,一则数处失校,尤其是增入"东长干"三字,不知有何依据;二则"大长干在越城东"以下文字,应系卢文弨语,却误混入刘渊林注文中。到了《南京地名大全》转引时,又有错字。

## 长干里与凤台山

卢文弨所言"建业南五里有山冈"一句中,所增入的"五里"二字,则确有出处,见于《建康实录》卷二张昭传后的注文:"案《丹阳记》,大长干寺道西有张子布宅,在淮水南,对瓦官寺门,张侯桥所也。桥近宅,因以为名。其长干是里巷名,江东谓山陇之间曰干。建康南五里有山冈,其间平地,民庶杂居,有大长干、小长干、东长干,并是地里名。小长干在瓦官南,巷西头出江也。"

"五里"这个距离的明确,至关重要。这使我们可以知道,以今天的雨花台作为长干里位置的坐标,未免有些含糊。因六朝时宫城到秦淮河上朱雀桥的御道长七里,雨花台又远在朱雀桥南三里之外。其实晋人以至唐人所说的建康南面之山,指的是从凤台山到越台再到雨花台这一大片丘陵,统称石子冈,而南距台城五里的,只能是凤台山。晋时尚没有雨花台、凤台山之名。由于南唐建金陵城将凤台山隔在城内,越台又渐渐消失,以致在后人眼中,雨花台与凤台山已成为两个相对独立的山冈。

今天寻找长干里之所以困难,就是因为那一带的地形变化太大。首先,今人习以为常的城墙,以及南面城墙外的城濠,直至唐代都是不存在的。其次,今天的外秦淮河东岸,到唐代仍是长江的东岸,因蔡洲等江心洲渚渐次与江岸相连而导致的长江岸线西移,是元、明之际的事情。再次,当时的秦淮河宽逾百米,前文说过,秦淮河急剧收窄是宋代的事情。

寻找长干里,就得把唐代以后增加的障碍摒除,重新审视那一片土地。

同时,我们主要依据唐代之前史籍文献的相关记载,唐代诗文的描述也可以作为参照。从这些文献中,可以找出更多的地标,而掌握的地标越多,就越可能准确地了解长干里的来龙去脉。

与水道的易变多变相比,在古代,山冈的变化要小得多。凤台山虽然因后世建设的蚕食,范围可能有相当程度的缩小,高度也可能有一些降低,但山冈的大方位走向应该不会变化。(图033)

这就为我们寻找长干里的位置,给出了一个可靠的参照。

凤台山,是石子冈丘陵的余脉,古名三井冈;南朝宋时传说有凤凰栖于山畔

图033　清人画,凤台吊古

永昌里,被皇家视为吉兆,乃改永昌里为凤凰里,在山上造凤凰台,山名也就成了凤台山、凤台冈。李白作《登金陵凤凰台》诗,脍炙人口,凤台山也被称为凤凰台。雨花台的得名是在南朝梁,据说云光法师在此设坛讲经天花缤纷如雨。《建康实录》中说越城"在三井冈东南一里",三井冈即今凤台山,可见越台就是处于凤台山与雨花台之间的一处台地。

南唐建金陵城,南面城墙正是从越台与凤台山之间横穿而过,凤台山被截于城内,城墙外又出现了城濠,遂使人们渐渐淡忘了它与雨花台的关系,而只记得凤凰栖山的传说了。陈作霖《凤麓小志》所述较明确:"杨吴筑城,山势横断,凤台遂在城内。前临城堧(注:自聚宝门至三山门),后俯淮水(注:自镇淮桥至西水关),纵横约十里许,兹山之麓尽是矣。溪谷殊状,高下坡陀,曲巷斜街,易迷向背,则赖花盝岗为之标识焉。"凤台山正处于西南角城墙与秦淮河之间。花盝岗指凤台山上的狭长高冈,亦名伏龟山;现通名花露岗,中段是南北向的花露岗,北边连着东西向的花露北岗,南边连着东西向的花露南岗。

长干里的"干",就应该位于自凤台山至雨花台这一片山冈之间。

## 小长干巷在越城北

在大长干、小长干、东长干中,小长干巷的位置是相对明确的。

《建康实录》卷十记晋恭帝元熙元年(四一九)事:"是岁,省扬州禁防参军,移秣陵县于其地,在宫城南八里一百步小长干巷。案,《地志》:在今瓦官寺东北百余步,西出是。"各书均说"小长干在瓦官南"、"在三井冈东南一里",故这里的"东北",显是"东南"之误。《宋书》卷三十五《州郡志一》亦记此事:"秣陵令,其地本名金陵,秦始皇改。本治去京邑六十里,今故治村是也。晋安帝义熙九年移治京邑,在斗场。恭帝元熙元年省扬州府禁防参军,县移治其处。"同样说的是扬州府禁防参军原驻在小长干巷,这一年被撤销,秣陵县治所被移到其驻地。

正德《江宁县志》卷七则说:"秣陵城在宫城南八里小长干巷内。建业城在冶城东。晋太康三年分秣陵淮水北为建业,故有建业城。秣陵故城,跨淮立桥栅。梁、宋、北齐皆为秣陵,至隋并入江宁。"

这几条史料中,提供了小长干巷与宫城的距离,尽管一说八里,一说八里一百步,相差不大,当时的测量技术也难以做到很准确。这一数据很重要。我们已经知道,朱雀桥距宫城七里,越城距宫城八里,凤台山北端距宫城五里、东南距越城一里,由此可知小长干巷的位置,肯定在凤台山南麓与越城之间,南与越城北界相连,也就是今外秦淮河两岸一带。

越城与小长干巷的位置关系,充分说明了越城对南京地区发展的重要影响。越城和金陵邑一样,都为后人认识其所在区域的重要性,起了重要的提示作用。金陵邑在六朝时期成为军事重地,而越城附近发展起来的小长干巷,则成了商市区和居民区。

《建康实录》卷二记载:"小长干在瓦官南,巷西头出江也。"前文已经说过,当时这一带的长江江岸,距凤台山西麓不远,而小长干巷的出江之处,就在秦淮河西南的入江通道附近。长江在这一段的流向是自南向北,所以小长干巷是沿江而下抵达建康的第一个港口,同时也就可以作为溯江而上的起点。由此沿夹江顺流北行,或进入秦淮河,或进入秦淮中支,都可转入运渎北达宫城,也可以东入青溪;或继续北行至石头城,水上交通最为便捷。商民选择此地作为经营与居住地,正是顺理成章的事情。

## 瓦官寺的变迁

"小长干在瓦官南",小长干巷北面的瓦官寺,是另一个明确的地标。

瓦官寺在《建康实录》中多次出现,其建造见于卷八:晋哀帝兴宁二年(三六四),"诏移陶官于淮水北,遂以南岸窑处之地施僧慧力,造瓦官寺"。

瓦官寺的得名,就是因为其前身系烧制砖瓦的窑场。南朝梁慧皎《高僧传》

中有《晋京师瓦官寺释慧力传》，说明是慧力在兴宁年间"启乞陶处以为瓦官寺"，向朝廷上书求取这块地建寺。因为此地除了窑场，还有官方的管理机构陶官，所以晋哀帝下诏将陶官迁移。陶官设于此地的原因，可参见《晋京师瓦官寺僧竺法汰传》，"瓦官寺本河内山玩墓，王公为陶处"，原来这是东晋初年，王导设置的窑场。王导是堂堂宰相，怎么会管到建窑场这样的小事情？那是因为东晋定都建康之后，物资需求急剧增长，保障都城物资供应自然成了大事。长干里商业区作为成熟的商品集散地，在都城物资供应中必然占有重要地位，也会随之迅速发展。市场建设需要足够的建筑材料，所以须择地烧制砖瓦。同时，宫城建设需要砖瓦，南迁官员、贵胄众多，也需要新建居宅，同样需要大量砖瓦。

窑场又为什么选址在此地？窑场需要三个条件，一是空旷的区域，二是适宜的土质，三是充足的水源。由瓦官寺的选址，我们可以得知，东晋初年，虽然小长干巷已成为商业区，但凤台山东麓尚少人烟。同时，凤台山又提供了适宜烧制砖瓦的泥土。《白下琐言》卷三中说"城南土色皆黑，黄者绝少"，因为城南很大部分是秦淮河泥沙淤积而成的河谷平原。此外，凤台山东麓近秦淮河，不但烧窑用水有保证，而且便于水上运输，烧成的砖瓦可以由秦淮河转入运渎，直达宫城；也可以沿秦淮中支，西行抵西州城和冶城，东行进入青溪。

至于"河内山玩墓"，仅见慧皎说起，早已没有人能知其详。

释慧力所建瓦官寺规模尚小，"止有堂、塔而已"。七八年后竺法汰"更拓房宇，又启重门"，并曾与贵族发生争地纠纷。汝南王世子司马综宅第就在寺旁，"遂侵掘寺侧，重门沦陷"，在寺旁深挖，导致寺门坍塌。这办法如今常被开发商用来破坏文保单位，没想到也是古已有之。但是竺法汰表现得很大度，不以为意。司马综因而悔悟，到寺中去致歉。

瓦官寺的大扩张是在南朝梁。据《景定建康志》记载，南朝梁时，"出瓦官寺塔舍利，敕市寺侧数百家宅地，造诸台殿及瑞像。又造瓦官阁，亦名昇元阁，高二百四十尺"。瓦官阁的高度，也有记载说是三百四十尺，当时的建筑能达到如此之高，颇令人怀疑。北宋马令《南唐书》卷五所记应较近事实："昇元阁崇构，因山为基，高可十丈，平旦阁影半江。梁时为瓦棺阁，至南唐民俗犹因其名。"阁高约十丈，合今二十多米，二三百尺该是连山的高度一块算的。昇元寺、昇元阁之名，系南唐昇元二年（九三八）所改，民间仍习惯以旧名相称。唐代诗人多有咏凤凰台、瓦官寺、瓦官阁诗存世。（图034）

"小长干接大长干"

图 034 清人画·凤凰台

宋灭南唐,昇元阁被烧,后复建崇胜戒坛寺。明初寺废,寺基大半被骁骑仓强占,部分落入魏国公宅园。嘉靖年间皇帝崇道,下诏禁毁民间私建寺院,时凤台山山下积庆庵冒称瓦官寺,得以幸存,人称下瓦官寺。万历年间僧圆梓募款赎回瓦官寺地,复建寺院,状元焦竑为更名凤游寺,当地人仍习称其为上瓦官寺。今凤游寺遗迹尚存,位于凤台山西麓,虽然规模没有当初那样大,但至少应是在原瓦官寺的范围之内。《建康实录》卷一中说"今瓦官寺阁在冈东偏也",慧力和尚讨得的既是秦淮河"南岸窑处之地",可以肯定瓦官寺最初的位置应是在凤台山的东麓,但梁武帝扩建时,既拆去民居数百家,可见范围变得很大,瓦官阁"因山为基",则寺院从冈东到冈上再延伸到冈西,是完全可能的。而明代复建凤游寺,赎回的只是冈西的一小部分。

## 大市和横塘

长干里一带的繁华,并不是始于唐代,也不是始于东晋。西晋左思《吴都赋》就已有描写:"横塘、查下,邑屋隆夸,长干延属,飞甍舛互。"由此可见其繁华至迟在东吴时期已经形成。当然这里的"长干",所指应是小长干和大长干,而不是长干里。长干里作为一种基层行政组织出现,应是东晋的事情。《建康实录》卷二张昭传后的注文中引《丹阳记》:"其长干是里巷名,江东谓山陇之间曰干。建康南五里有山冈,其间平地,民庶杂居,有大长干、小长干、东长干,并是地里名。"《丹阳记》成书于南朝宋,"并是地里名",说明当时已有大长干里、小长干里、东长干里,是三个里坊。

《太平御览》卷八二七引《丹阳记》:"京师四市,建康大市,孙权所立;建康东市,同时立;建康北市,永安中立;秣陵斗场市,隆安中发乐营人交易,因成市也。"东吴时期,孙权已在凤台山麓设立"大市"。这大市与同时所立的东市、稍晚的北市、秣陵斗场市,应该都是一种市场管理机构及征税机构。

《景定建康志》卷十六记古市:"案《宫苑记》:吴大帝立大市,在建初寺前,其寺亦名大市寺。"

大市所管理的,应该就是小长干巷商区。

孙权着力经营大市,并不止于简单地设立一个管理机构。"横塘、查下"可以说是他所建设的配套工程,查下亦称查浦。《建康实录》卷四注文中有说明:"横塘,今在淮水南,近陶家渚,俗谓回军毋㳻。古来缘江筑长堤,谓之横塘。淮在北接栅塘,在今秦淮迳口。吴时夹淮立栅。自石头南上十里至查浦,查浦南上十里至新亭,新亭南上二十里至孙林,孙林南上二十里至板桥,板桥上三十里为烈洲,洲有小河,可止商旅以避烈风,故名烈洲。"

这一节注文中所讲的横塘、栅塘和查浦,也是多年来众说纷纭的话题。

首先释横塘,是"缘江筑长堤",沿长江东岸筑堤,目的自是防止江水侵袭岸上的繁华商市,因其具体位置在秦淮河的南面,所以在史籍中又常称为南塘。其参照地标是陶家渚,顾祖禹《读史方舆纪要》引《金陵记》:"陶家渚西对蔡洲,六朝时每钱北使于此。"陶家渚当在秦淮河西南端入江口的东岸,因已超出白鹭洲的南端,所以才能"西对蔡洲"。前文说过,蔡洲"周回五十五里",北至石头城西,南端则可到新林浦西。而且蔡洲的大形势,当是北端离江岸远,南端离江岸近,所以后来南端先与江岸相接。陶家渚当相对于蔡洲中部。六朝时的多次重大战事,回军于蔡洲的一方往往失利,所以在民间得了"回军毋"的俗名,"不要回军到那里去啊"!

《景定建康志》卷二十一记载:"吴客馆,在城南十三里。"并引《丹阳记》:"吴时客馆,在蔡洲上,以舍远使。晋陶侃尝屯兵于此。"东吴时的客馆,就设在蔡洲的中段,很可能就在陶家渚的对岸。石头城既是军事重地,不宜接待外国以至敌国的来客,而白鹭洲西北端的入江口,离石头城也很近,所以东吴把客馆设在白鹭洲西南端的入江口附近。倘使要迎来客入城,由此溯秦淮河入运渎可以直达台城,也很方便。

南塘久已是商业繁华之地。《世说新语·任诞》载:"祖车骑过江时,公私俭薄,无好服玩。王、庾诸公共就祖,忽见裘袍重叠,珍饰盈列。诸公怪问之,祖曰:'昨夜复南塘一出。'祖于时恒自使健儿鼓行劫钞,在事之人亦容而不问。"祖车骑就是以"闻鸡起舞"出名的祖逖,他在西晋末年率众到江南投奔琅琊王司马睿,竟公然纵容部下兵卒到南塘抢掠。而王导、庾亮这些当政的人,因为要利用他的军事力量,知道了也不过问。

由此可见,南塘繁荣于东晋建都之前,也就是说,南京的商业经济并未因东吴的灭亡而衰退。其位置,则当在小长干巷西口沿江一带。正因为是这繁华的商业中心所在,尤其要防水患,所以筑横塘于此。

## 夹淮立栅之处

  其次说栅塘,秦淮河在北面连接栅塘。北面的"秦淮迳口",正在白鹭洲北端,距石头山麓甚近。今人往往以为石头山就是鬼脸城与清凉山公园处的山,实则当年石头山的余脉,不仅包括现汉中门附近的峨眉岭,还延伸到今汉中路以南。所以石头山下的石头津,很可能并不在鬼脸城下,而是在"秦淮迳口"以南、白鹭洲以东的夹江之中,不仅风浪较小,便于船只安全停泊,也便于与长干里的商贸交易。石头城最初有三座城门,朝向台城的东边只开了一座门,而南边有南门和西南门两座门,东晋以后增开了北门,始终没有临江的西门。不开西门而开西南门的原因,显然是因为石头津在石头城的西南面。此后南唐建金陵城时,在秦淮河入江口的龙光西门之北,又开大西门(今汉西门),正在六朝石头城的西南,应该也是为了继续利用这个良港。(图035)

  石头津是六朝建康最重要的税关。《隋书·食货志》载:"都西有石头津,东

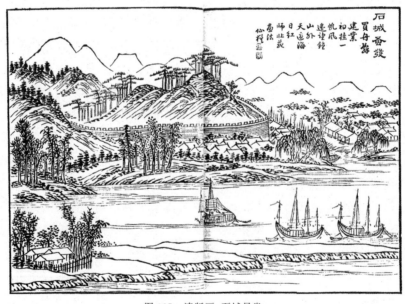

图035　清版画,石城早发

有方山津,各置津主一人,贼曹一人,直水五人,以检察禁物及亡叛者。其获炭鱼薪之类过津者,并十分税一以入官。其东路无禁货,故方山津检察甚简。"书中未列出哪些货物属"禁货",但显然石头津往来交易货物的品种相当丰富。六朝时期,长江水岸直逼石头城下,秦淮河入江口附近的长江东岸,也就是与白鹭洲北端相对的江岸,是没有山冈作为屏障的,风浪侵袭,影响沿岸商民的安全。也就是说,建造栅塘的,正是"秦淮迳口"这一段江岸。这一方面可以使石头城充分发挥"扼江控淮"的军事要地作用,一方面也能有效连接石头城与凤台山两处高地。

至于"夹淮立栅",当是北面的栅塘,直延伸到秦淮河口以内,沿河两岸都立栅,才能形成"夹淮"之势。东吴"夹淮立栅"到何处为止,这里没有说明。

《建康实录》卷十七载,梁天监九年(五一〇),"新作缘淮塘,北岸起石头,迄东冶。南岸起后渚篱门,连于三桥"。这与东吴的栅塘已经不完全一样,所以称"新作"。其北岸部分同样起于石头城,而"迄东冶",直到东府城东南的东冶结束。南岸部分东起后渚篱门,在秦淮河入江口之南,西迄三桥篱门,已在丹阳郡城之南。可见它虽在秦淮河南北,但并未紧贴秦淮河岸,而是与秦淮河已有一段距离,属于一种军事防御设施。

## 查浦与小长干巷

注文的第三节,"自石头南上十里至查浦,查浦南上十里至新亭,新亭南上二十里至孙林,孙林南上二十里至板桥,板桥上三十里为烈洲。洲有小河,可止商旅以避烈风,故名烈洲"。查浦以南的新亭、孙林、板桥、烈洲,都与秦淮河无涉,且烈洲更是江心洲渚。所以我认为这仅是一种里程表述,并不是说"夹淮立栅"一直到烈洲。

但这里恰也说明了查浦的位置,明确指为在石头城南十里,则正当小长干巷一线。新亭的位置,史籍没有确切记载,但大致的方位,在菊花台西南山冈上。查浦北与石头、南与新亭距离相等,取二者之中,亦正当凤台山南麓。因此可以推出,查浦就是秦淮河在白鹭洲西南端的入江口,位于白鹭洲南端、张公洲与长江东岸之间,也就是小长干巷西出长江处的港口,横塘的附近。(图036)

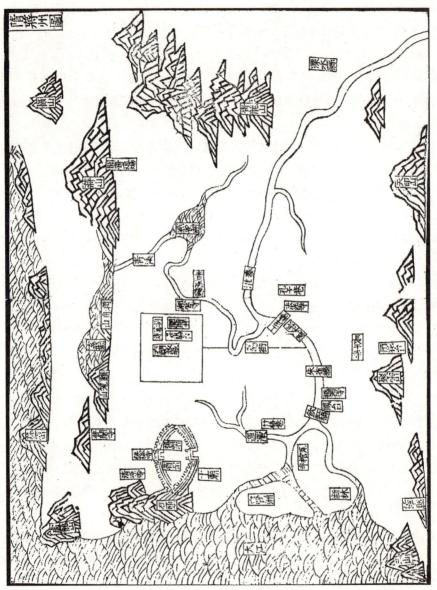

图 036 《金陵古今图考》中的隋蒋州图

《宋书·武帝纪》,记东晋末年卢循叛乱战事,卢循水军沿江而下,刘裕集中兵力固守石头城,因担心叛军从白石垒登陆,亲率刘毅、诸葛长民北出石头城以防备;同时,"留参军徐赤特戍南岸,命坚守勿动。公既去,贼焚查浦,步上,赤特军战败,死没有百余人。赤特弃余众,单舸济淮。贼遂率数万屯丹阳郡。"由此可以清楚地看出,查浦是秦淮河南岸的沿江港口,一旦失守,敌军很快就可进达朱雀航东面的丹阳郡城。

在蒸汽机车进入中国之前,船舶是江南最重要的交通和运载工具,所以江河港口首先成为商业和经济中心。小长干巷西邻长江,北接秦淮,东通青溪,交通之便捷,莫过于此地,其成为商业、手工业繁盛的区域,自不奇怪。

## 居民区由南向北推进

大市、建初寺、陶官、瓦官寺的位置关系,也为我们提供了另一个重要的信息,即这一带居民区的发展变化趋势。

汉代的秣陵、丹阳、湖熟三县县城,都还设在今江宁区域内,说明当时居民区与商业区集中在那一带。正是在两汉四百年间,商业中心北进到凤台山下,这证明南京居民区确实依着由南向北的趋势推进,同时也说明长干里地区的地理环境和交通条件,有明显的优胜之处。

东吴时期,小长干巷已经是繁华的商业区,孙权为建初寺选址时,尚能在其北面找到可用土地。东晋初年,秦淮河南岸、凤台山东麓尚有闲置地块供王导设窑场。时隔四十来年,晋哀帝时,僧人慧力打算建寺时,已只能打窑场这块地的主意了,而朝廷因此决定将陶官迁到秦淮河的北岸。按常理,寺庙要建在居民区、商业区附近,以便吸引信众,而窑场当建于人烟稀少的空旷处,可见当时秦淮河北岸居民尚少。再过一个半世纪,南朝梁扩建瓦官寺,已必须"市寺侧数百家",买下寺旁几百家居民的房屋,有点像当今的拆迁改造,可见周边居民已十分密集。

由此也可以知道,由越城北面最初的一条小长干巷,已逐渐发展为一个大居民商业区,设立了小长干里、大长干里、东长干里三个基层行政单位。而当时的里坊,都不是街巷那样的线形,而是有相应规范的片区。

## 大长干与大长干寺

"小长干接大长干",也就是"长干延属"的意思。小长干巷的南边,既已到越城的北垣,则大长干的位置,可以肯定是越城以东至雨花台一线。大长干的地标是长干寺,亦称大长干寺,各书记载无异。长干寺屡毁屡建,寺名亦屡变,但基址未变,即明代大报恩寺所在。这一带的地形开阔,远远大于凤台山一带,很可能就是因为有这"大长干"做比较,凤台山与越城之间的长干里才被叫成了"小长干"。卢文弨说大、小长干的区别在"地有长短",其实也可以说"地有广狭"。

大长干的西部是越城,六朝时期仍被作为军事要地。所以大长干里距江岸已远,而北面与秦淮河之间,又有大长干寺相阻隔,水上交通远比不上小长干的优越,其商业贸易发展不免会受到影响,可能主要是居民区。(图037)

越城附近有不少高级官僚的住宅。如东吴重臣张昭,住在越城与秦淮河之间。张家附近的桥,就被称为张侯桥。《建康实录》卷二载:"案《丹阳记》,大长干寺道西有张子布宅,在淮水南,对瓦官寺门,张侯桥所也。桥近宅,因以为名。"张昭宅在大长干寺道西,北对瓦官寺,应在越城稍北,所以准确地说,张昭宅实在小长干里。张昭是东吴重臣,其建宅时尚无瓦官寺,建瓦官寺时,张昭已死多年,其宅亦未必存,但张侯桥的名字流传下来了。张侯桥历久不废,其位置很可能就在今镇淮桥一带。

东吴大将陆逊的孙子陆机、陆云弟兄,都是著名的文学家,未入晋前住在越城西北,也属小长干里。入晋后应召去洛阳的陆机,还写过怀念故居的《怀旧赋》。《建康实录》卷一注文中说,越城"西北即吴牙门将军陆机宅,故机入晋作《怀旧赋》曰'望东城之纡余'"。《吴都赋》中也说,长干一带"其居则有高门鼎贵,魁岸豪桀,虞、魏之昆,顾、陆之裔",东吴的豪门大族虞、魏、顾、陆等都住在这里。

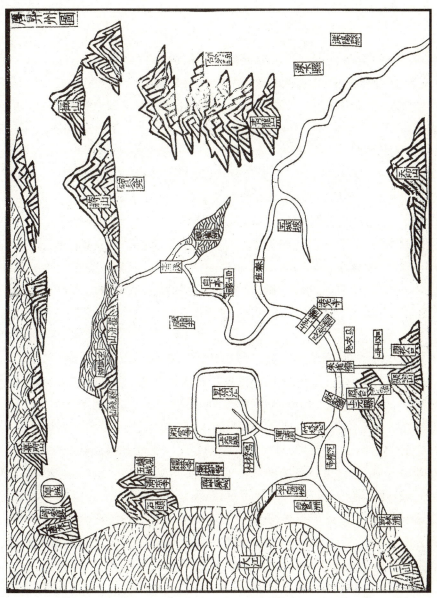

图 037 《金陵古今图考》中的唐升州图

## 东长干之谜

值得注意的是东长干。晋人刘渊林注《吴都赋》："建邺之南有山,其间平地,吏民居之,故号为干;中有大长干、小长干,皆相属。"他只说到大长干与小长干相连,并没有提到东长干。《建康实录》注文引南朝宋山谦之《丹阳记》,第一次提到东长干:"建康南五里有山冈,其间平地,民庶杂居,有大长干、小长干、东长干,并是地里名。"

据此,我们有理由相信,东长干是东晋以后才繁盛起来的新商业区。也正因为东长干是后出现的,所以没有一个西长干与之相对。

东长干里的位置,未见明确记载,但可以肯定是在小长干里的东面。最容易让今人混淆的,是中华门外的东干长巷。东干长巷与历史上的小长干巷东、西相对,其北侧又有赤石矶一片山冈,正是山间平地。但我认为东长干不可能在这里,因为六朝时期,从雨花台到大长干寺再到赤石矶一线山冈是连绵成一体的,那么赤石矶一带即使有商业区,也应被归入大长干里之中,不会另作命名。

所以合理的解释,东长干应是在凤台山的东麓,也就是小长干里与秦淮河之间,特别是运渎南端一带的区域。南京居民区的发展,原本存在着自南向北推进的趋势,东吴定都后,政治中心的吸引形成一种向心力,加剧了这一趋势,而南北转运干道运渎的开通,更为小长干巷商业区向北、向东发展提供了有利的条件。前文说到,东晋时期,凤台山一带已经民宅密集,商家继续向秦淮河沿岸寻找新的发展空间,也就是顺理成章的事情。所以小长干里与秦淮河、运渎之间的区域,便迅速繁荣起来。由此可见,东吴时所立的东市,很可能就已经在这一带,因位于大市之东而得名,此后因位于小长干里之东而被称为东长干里。

此外,西州城、江宁县衙、南唐宫城也显示出明确的自西向东发展的趋势。区域政治中心带动商业中心,长干里商业区不断向东发展,越过秦淮河,在今牛市、颜料坊一带形成新的商业区,也就是顺理成章的事情。《至正金陵新志》卷四中有这样的记载:"《南史·徐度传》云:徐嗣徽、任约等来寇,高祖与敬帝还都时,贼已据石头。市廛居民,并在南路,去台遥远,恐为贼所乘,乃使度将兵镇冶城,筑垒以断之。以此知六朝市廛,多在淮水北、冶城东也。"这里所说的是梁末陈初时的事情,当时的居民区与商业区,已经发展到"淮水北、冶城东"了。南唐建都之后,秦淮河西五华里两岸,更成为繁华的商业中心区。

## 秦淮河两岸的新兴商业区

《景定建康志》卷十六记载:"按《宫苑记》:'吴大帝立大市,在建初寺前,其寺亦名大市寺。宋武帝永初中立北市,在大夏门外归善寺前。宋又立南市,在三桥篱门外斗场村内,亦名东市。又有小市、牛马市、谷市、蚬市、纱市等一十所,皆边淮列肆禆贩焉。'内纱市在城西北耆闍寺前;又有苑市,在广莫门内路东;盐市,在朱雀门西。今银行、花行、鸡行、镇淮桥、新桥、笪桥、清化市,皆市也。""边淮列肆禆贩",说得很明确,除了纱市、苑市等少数几处,都在秦淮河两岸经营。

这里说到的新桥,位于禅灵渚渡附近,也可以作为佐证。《建康实录》卷二中说:"今之过淮水桥名新桥,本名万岁桥。"新桥,亦名饮虹桥,其位置在运渎与秦淮河交汇处东南。新桥的"新",应该就是相对禅灵渚渡而言的。在运渎湮废之后,新桥(饮虹桥)成为仅次于镇淮桥的重要桥梁。从南宋《景定建康志》和元代《至正金陵新志》中的相关记载,都可以看出这一点。(图 038)

《景定建康志》卷十六介绍饮虹桥时说:"镇淮桥每与此桥同建。"又引乾道五年(一一六九)建康府留守史正志重修镇淮桥和饮虹桥,建康府观察推官丘崇作《记》,说到两桥的对于商旅交通的重要性:"惟二桥横跨秦淮,据府要冲,自江淮吴蜀,游民行商,分屯之旅,假道之宾客,杂沓旁午,肩摩毂击,穷日夜不止。"此后开禧元年(一二○五)丘崇重建,刘叔向作《记》,同样强调了这一点:"跨淮而济有桥,曰镇淮,在吴为南津大桁,在晋为朱雀航;曰饮虹,在晋、宋间为万岁桥。据都邑之冲,屹波流之湍,车马如云,千艘鳞鳞,北拱行阙,鲸卧虎蹲。此二桥者,盖与秦淮相终始,而邦人所恃以为安也。"宝祐四年(一二五六),马光祖重建,梁椅作《记》,也说到两桥承载交通流量太大,故容易损坏:"车马憧憧无停晷,商人戍夫与诸道贡输之入于饟馈者,舳舻戞摩,桥不得休息,大氐亡虑数十年辄弗支。"镇淮桥处于金陵城南门内,其为交通要道自不必说。而饮虹桥的南

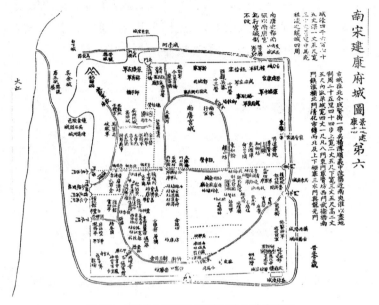

图 038 《同治上江两县志》中的南宋建康府图

北交通频繁,则正因其处于秦淮河两岸商业街区之间。

正是因为秦淮河两岸商业区的成熟,足以替代小长干巷,南唐建金陵城时,才能下决心把小长干巷隔在城墙之外。

## 唐诗中的长干里

弄清了小长干、大长干、东长干的位置,再来看唐人的诗歌,就可以看出,唐人歌之咏之的长干里,主要是指由小长干巷向北、向东发展而成的商业区,也就是东晋以后划设的小长干里和东长干里。崔颢的《长干曲》:"君家何处住,妾住在横塘。停船暂借问,或恐是同乡。"直接将长干里与横塘相联系。李白在抒写长干里的同时,写到的是凤凰台、瓦官阁、三山。崔国辅所作即名《小长干曲》。而杜牧的《泊秦淮》,也可以肯定不是泊在今天的夫子庙前,而是在凤凰台下的秦淮河岸边。此外,杜牧笔下的杏花村,正在凤凰台东南。正德《江宁县志》卷六:"杏花村,在京城西南隅,与凤凰台相近。村中人家多植杏树,间竹成林。成化间,成国庄简公时司留钥,因视城经此,爱之,尝值杏花开命驾一赏。是后游者每春群集,遂成故事。"(图039)

图039　清版画,杏村沽酒

长干里在东晋南朝即已成为繁华的商业、手工业中心,然而当时并未引人注目,是因为作为都城的建康,政治中心的地位更为突出。中华民族固然是一个十分重视历史的民族,但也是一个过分重视政治史而过分忽略经济史的民族。另一个原因是建康城以秦淮河为外郭,长干里尚在外郭之外。到了隋、唐两代,在行政上对南京的地位大加贬抑,建康城内一片萧条,不再受到政治中心的遮蔽,长干里的经济优势才会凸显出来,为诗人墨客所关注。同时,在政治上完全失去发展前途的南京,基于其优越的自然地理条件和原有的经济基础,在大一统的王国之中,商业贸易也得到长足的发展。唐代"扬一益二"中的扬州,实际上仍是指以南京为中心的区域。

长干里,正是在唐代商业经济中凸显出来的金陵胜迹。这块土地上滋生出的商业繁荣,无疑是那个时代的新潮,所以唐人的诗歌中,长干里几乎成了南京的代词。有着商业家庭背景的李白,对于商人的生活与情感自有特殊的敏感,而且他又有着沿长江上下的丰富旅行经验,故而能够创作出《长干行》这样的名篇。

南唐建金陵城时,改变六朝建康城的旧格局,将秦淮河下游包入城内,其动机,历代史家多有分析。然而,无论其曾受到多少因素的影响,长干里这样的繁华经济区域必须包入城内,都是一个不容忽略的考量。

# 门西·门东

门西与门东,是专属"老南京"的一对地名,常被作为老城南的代称。新南京人能分得清城南和城北,可是说到门西与门东,往往便有些茫然。

老城南,是南京老城内历史最为悠久的居民区,也曾是生活最为便利的宜居区。作为十朝都会,南京城北的皇宫区固然曾瑰丽一时,但不免随着王朝更迭而潮起潮落。况且南京的建都史断断续续,一共只有四百多年,与二千四百多年的建城史相比,只是个零头。哪像城南的居民区,就像一棵根深蒂固的大树,千年不老,枝繁叶茂,庇荫了多少代人的繁衍生息,寄托了多少代人的乡情乡思。

一座城市,可以没有皇帝,但不能没有市民。所以我们说,老城南是南京的根基所在。

不过,在老城南的地名中,门西和门东,却又是相对年轻的。

## 门西、门东和门里

晚清陈作霖《东城志略·引》中说:"金陵聚宝门城墉,左右袤延,淮水邪界于其北,中狭而旁广,故城厢隙地,如舒两翼然,土人呼门东、门西。"可见直到晚清,门东、门西仍不算规范地名,而只是民间一种约定俗成的片区名称。

将陈作霖的说法再形象化一些,南京的老城南,有点像一只展翅的鸟,门东、门西是两只翼翅,中间是狭长的鸟身,中华门就是昂起的鸟头了。

门西和门东的"门",指的就是中华门,南唐金陵城的南门,明代称聚宝门。实际上早在六朝建都之际,这里已经成为都城的南大门,但是以城门的形式出现,则始于南唐建城。据南宋陆游《南唐书·烈祖本纪》载,徐知诰在杨吴天祐十一年(九一四)开始修建金陵城,三年后建成,"始东南跨淮水"。南唐金陵城改变了六朝都城以秦淮河下游为外郭的格局,第一次将秦淮河南岸的稠密居民区与繁华商业区包容在内,初步形成了涵括政治军事和民生经济的城、市统一体。这是南京城市发展史上一个划时代的里程碑。此后延续宋、元,金陵城的政治功能趋于淡化,而愈见增强的经济功能,同样是以老城南为基础。明初朱元璋营建新都,城市规模虽发生大改变。但是在城南这一片,东水关与西水关之间的十里秦淮两岸,依然维持着南唐金陵城的格局。相对于面貌大变的城北地区,城南地区就更是当仁不让地成为"老城南"。(图040)

被包入城内的秦淮河,也就是人们常说的"十里秦淮",从金陵城东门(今大中桥西)南侧的上水门(今东水关)入城,向西南斜抵南门(今中华门),过镇淮桥折向西北,由龙光西门(今水西门)南侧的下水门(今西水关)出城,汇入长江。镇淮桥东、西的河流长度都是约五华里。而在金陵城南半部形成一个"V"形的秦淮河,与矩形城墙之间,便构成了两个三角形地块。

六朝时期的都城建康,既是以秦淮河为外郭,秦淮河南岸的这两个三角形地块,便处于都城边界之外。也就是说,在南唐建城之际,门西和门东,其实要算金陵城中的新城区。就像新生儿要起名字一样,民间遂以处于都城南北中轴线端点的南门为地标,将南门以东的三角地称为"门东",南门以西的三角地称为"门西"。

而门东、门西之间,秦淮河以北的楔形鸟身,则被称为"门里"。老南京人交谈,"你家住哪块啊?""门里。"听者就知道肯定是中华门里,断不会误解到别的城门。二十世纪末,还有一对公交车站叫"中华门里",民间常省略为"门里",现在叫"中华门内",老南京人说起来就有点累。在南京明城墙十三个城门中,这也是一个特例。然而,若说到中华门外,则一定会说"南门外",因为十三个城门都有"门外"。门里这"鸟身"并不是无限延伸的,北边有一个边界。现在说起老城南,有人以建康路、升州路为其北界,有人以白下路、建邺路为其北界,各执一词。实则南唐建城之际,应是南唐皇宫南垣外的护城河,也就是秦淮中支,形成了城北与城南之间的自然分隔。在秦淮中支与皇宫南垣之间,还有着一条六朝以来形成的东西向主干道,自西州城至东府城,大致相当于今白下路与建邺路的走向。南唐建城之后,其东门与龙光西门(今水西门)之间,形成了新的交通

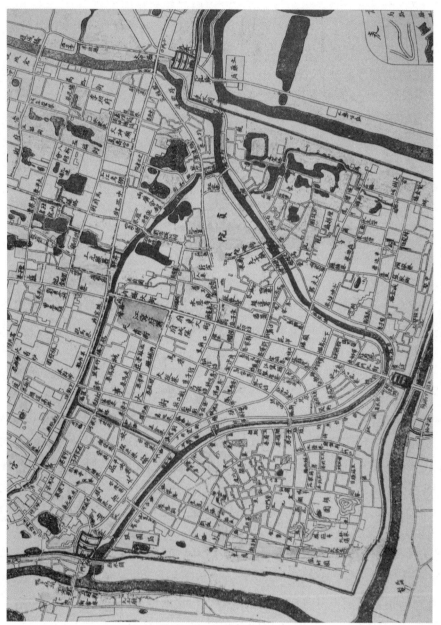

图040 《金陵省城全图》南部

干道,东端起大中桥,西端至水西门,相当于今建康路、升州路一线。

## 长干里消解于新商业区

尽管门西与门东这两个地名要算"后起之秀",但这两个片区,其实是南京最古老的居民区之一。所以,对于当地的居民而言,南唐时的"进城",并不会像当今的"城市化"、"农转非"一样,给他们的生活带来质的变化。

前文说过,南京地区的早期开发,呈现出由南往北逐步推进的趋势。考古发掘证明,春秋战国时期,环太湖流域的发展优于南京地区,所以吴国的国都会选定在苏州。吴、越、楚争霸江南,南京老城区始终处于被冷落的边缘地带。吴国所建的固城,吴、楚反复争夺的濑渚邑,在今溧水境内。秦代立县,南京主城区北部属江乘县,县治在栖霞山附近;南部属秣陵县,县治设在今江宁秣陵关,在越城以南二十多公里。而秣陵县南又有丹阳县,县治在江宁小丹阳镇,位于秣陵关东南二十余公里。汉代初年分江乘县地立胡孰县,县域包括今南京主城区的北部和东部,县治则设在今江宁湖熟镇,位于秣陵关东边十余公里。也就是说,今江宁区域内有三个县城,而南京主城区内一个都没有。毋庸置疑,县治所在地一定是人口相对稠密,农业、手工业以至商业较发达之处。可见当时的经济繁盛之区,尚集中在距南京城二十公里之外的南郊。所以湖熟、秣陵一带兴修水利,窑场取土,常会发现汉代墓葬,并伴有陶罐、钱币、铜镜等出土,而在南京主城区内的考古发掘,迄今仅发现几处小型汉代墓葬。

正是江宁地区的居民,逐渐从雨花台以南拓展到雨花台以北、秦淮河南岸,于是越城附近有了东吴的大市、东晋的长干里;而居民较大规模地进入秦淮河北岸,已经是南朝时期的事情了。

闻名于西晋、在唐代繁盛一时的长干里,到宋代却已成为历史地名,现实生活中少有人提起。后人的解释,多说长干里在南唐建城时被隔在城墙外,宋、元以后长江江岸西移,又失去了交通便捷的优势,所以渐趋衰落。清人赵启宏的一首《长干竹枝》,写的就是这种变化:"大长干接小长干,却被城垣隔瓦官。近日江流西去远,鹭飞何处认沙滩。"

这个结论是值得推敲的。南唐既有意将秦淮河南岸的商业区与居民区包入城内,为什么会放弃长干里呢?实际上,如前文所分析的,唐人笔下的长干里,主要指小长干里与东长干里,即小长干巷与秦淮河之间的区域,大略相当于后世的门西地区。就此而言,小长干巷已处于这一新兴商业区的边缘,所以南唐才能下决心舍弃小长干巷。而由于城墙的阻隔,龙光西门和南门,成了新的交通道口,也成了新的商业集散地。包入城内的门西地区,则被规范为若干坊、市,长干里的名称,便是在这变化中被消解了。

## 南唐金陵城"据冈阜之脊"

至于南唐为什么不得不舍弃小长干巷,则要从金陵城"以尽地利"的选址来考虑了。

《景定建康志》卷二十中说,南唐金陵城"夹淮带江,以尽地利。城西隅据石头冈阜之脊,其南接长干山势,又有伏龟楼在城上东南隅"。后人的关注重点往往在伏龟楼,而忽略了"其南接长干山势"的意义。这一句并不是讲风水形势的空话,而是实有所指,即与西北城垣"据石头冈阜之脊"一样,西南城垣部分利用了凤台山南麓丘陵,东南城垣也利用石子冈余脉赤石矶作为修筑城墙的基础。"以尽地利",也就是说,其筑城时充分利用了自然地形条件。城西北角的"据石头冈阜之脊",所据是石头山南面的余脉峨眉岭、蛇山、五台山等小山冈之脊。在城西南角,则是"接长干山势",既要利用凤台山南面的余脉为墙基,所以不得不将凤台山与越台之间的小长干巷隔在城外。在城东南角,则有赤石矶可利用。《白下琐言》卷一记古长乐渡:"赤石矶矶脉,石骨崚嶒,自城外穿濠而入,尽于此,色纯赤。"可证城墙正建在赤石矶上。赤石矶同样是石子冈的余脉。由雨花台向东北,长干寺所在地与越城所在地一样,是一处较高的坡地,北接赤石矶,二十世纪八十年代,我们在雨花路边,尚可以看到大报恩寺遗址高出路面近两米。地处大长干北端的赤石矶,同样也属"长干山势"。一方面是因为南唐建城的截断,一方面是从长干寺到大报恩寺的寺庙建设规模都很大,使坡地逐渐趋平,所以赤石矶也仿佛是天外飞来的孤山了。(图041)

现在能看到的赤石矶,只剩下城内很小的一块,即周处读书台一带。然而六朝时赤石矶向北延伸,直插向东来的秦淮河干流,其高处为南冈。南唐建东、南面城墙时,即据赤石矶之冈坨,赤石矶遂被截为城外、城内两部分。直到清代初年,东城外秦淮河畔的赤石矶仍是游览胜地。余宾硕《金陵览古》中说赤石矶:"长河东来,绕城而过,有石枕流,可坐十许人。矶上人家种石榴花数千株,每盛夏花放,凭流回瞰,有若锦焉。都人鼓楫熙游,欢情自接。"可见当年赤石矶的范围之大。也正是因为赤石矶的存在,从东面而来的秦淮

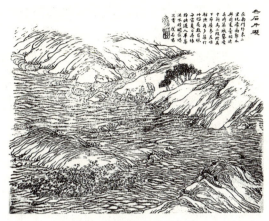

图041 清版画,赤石片矶

河干流才会不得不由赤石矶的北端,即今白鹭洲公园一带进入城区。

南唐金陵城尽可能利用山冈丘陵,一方面可以省工省费,另一方面也可以避免水患。因为当时秦淮河仍是一条波涛汹涌的大河,而城西垣外就是长江。

由此也想到,南京不少与"台"相关的地名,都是始于六朝,如雨花台、周处台、凤台山、凤凰台、梁昭明书台、九日台、景阳台、通天台、日观台、烽火台。当时人对于"台"的偏爱,无疑是由于水患严重,不得不选择较高的台地为居处。早在新石器时期,北阴阳营的原始居民,就懂得选择水边的二级台地;江宁湖熟的大量新石器时期遗址,同样也都建在台地上。而越城的旧址也被称为越台,《景定建康志》卷五《辨越台》中说:"越台者,越城之故址也。"东晋南朝的宫城称台城,虽然史书中另有解释,但其确实处于鸡笼山南延的一片台地之上,地势高于东面的青溪流域,也高于南面新街口一带的沼泽。

## 十里秦淮串三门

南唐建金陵城时,在考虑利用山冈丘陵的同时,也考虑到对水道的利用。

金陵城以长江为城西的护城河,是大家都知道的。在城北的西段以乌龙潭为护城河,城东也部分利用了青溪的故道,下文会做详细介绍。然而最令人注

目的,还是老城南的布局中,十里秦淮正好串连起金陵城的东、南、西三座城门。

有皇权崇拜倾向的人,总喜欢为"君权天授"找依据,于是便揣摩这会不会是某种"上应天象"。

依我之见,这当是徐知诰顺应自然地理条件,做了一个明智的城市规划。当时的秦淮河宽度尚在百米左右,规划充分利用秦淮河的自然曲折,将城门设置在相应的重要空间节点上,使其不但成为金陵城中最重要的水源,也成为最便捷的交通干道。

三座城门中,南门的位置,严格地说,并不是徐知诰所选定的。早在南朝梁武帝时,这里已是都城外郭的南门所在。

我们常说六朝建康城以秦淮河为南面屏障,实则前期和后期是有变化的。东晋到南朝宋、齐,建康城的国门位于秦淮河以南,在御道(台城南门至长乐渡)的南延线上,国门设在护濠之外,是为了显示宫城和都城的庄严威仪,与后世常见的城濠在外、城门在内的格局不同。这一条御道,近年已被考古发现所证实,经过三山街口水游城与江苏饭店东侧。其时国门之西,另有南篱门,很可能就在今镇淮桥以南。《梁书·武帝纪》载,天监七年(五〇八)二月,"新作国门于越城南",国门既西移至越城南边,外郭朱雀门很可能也已相应西移,从原长乐渡附近移至今镇淮桥处。虽然史籍未见朱雀门西移的明确记载,但国门的西移,理应就是都城南北中轴线偏移的标志。我的这一推测是否正确,并不太重要,因为这一过程或早或晚确实是发生了,至迟不会晚于南唐。

徐知诰营建金陵城时,沿用了六朝都城的中轴线。对六朝御道的沿用,御道两侧成熟商市民居的延续,都决定了金陵城南门的位置不能轻易偏离这条轴线。其位置的变化,仅是从秦淮河的北岸,南移到了秦淮河的南岸。

这也说明,金陵城的南门,不同于其他几座城门。套用那句美国名言,便该是"没有金陵,先有南门"。在某种意义上说,正是南门的位置决定着金陵城的布局。

同样,也是这南门的位置,决定了小长干巷的命运。

再看金陵城的西门。金陵城西垣位置的决定因素,就是要利用长江为城濠。但同时,长江又是北方和上游敌军的交通干道,所以在秦淮河的入江口,必须设下水门,一方面保证河水顺利入江,一方面防备敌军沿秦淮河侵袭。同时,六朝竹格渚附近形成的交通道路竹格巷,对于下水门及西门的选址也应有影响。金陵城的西门必须设在下水门附近,以利防卫,而因为宫城的位置在秦淮河以北,所以都城西门必须设在下水门以北,若在其南,则一进城就面临过河的问题。(图042)

东门位于上水门的北面,是同样的道理。但东面城垣位置的择定,不像西面有长江限制,自由度要大得多,之所以确定在这一线,前面说到,与赤石矶有关。至于东门的位置,虽似出于徐知诰的选择,但同样不能不受到六朝以来城市格局的影响,必须考虑六朝以来形成的东西主干道,即秦淮中支北岸,沿冶山、西州城南侧,经建康都城南垣外,直至东府城的道路。修路的代价要远远高于造门的代价。所以东门的位置,实际上是处于东西主干道东端与赤石矶北延线的交点上。上水门的位置应在东门的南侧,固无疑问,但如前文所说,六朝时秦淮河是经今白鹭洲公园一带西行,水面广阔,城墙上倘留有这样大的敞口,自不利于防守。所以在修城墙的时候,必然要改变秦淮河的水道,强使其继续北行,转为这一段东墙外的城濠,直至上水门入城。而这一段城墙因为建在原来的水道上,所以下部都用巨大青石砌成很深的基础,以防被水冲激浸蚀而毁坏。无论是南唐始建还是经过明初改建,这一段城墙的坚固至今仍为人们所赞叹。

由此也就可以解释,为什么十里秦淮竟能弯折成那样一个"V"字形。

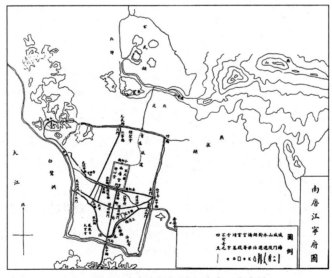

图042 《金陵古迹图考》中的南唐江宁府图

自然形成的河流,在地势平缓的情况下,很难形成小于直角的锐角转折,秦淮河既已被确定不是人工运河,怎么会形成这样尖锐的曲折呢?是什么样的力量能使河水如此急剧地转向?对于这一点,人们却司空见惯,习以为常,很少见人提出疑问。

　　我经过反复去现场踏勘,并从相关文献中寻找线索,最后相信,这主要仍是大自然的力量,但也受到人类活动的一定影响。前文说到远古时期,秦淮河由东面浩浩荡荡而来,从赤石矶的北端,今白鹭洲公园一带进入南京城区,继续西行,直抵凤台山下,因受到凤台山一线丘陵的阻挡,只能转而北行入江,凤台山下便已隐藏着一个弯折。在秦淮河河谷平原的淤积形成过程中,河水遇阻转折处的泥沙沉积量会更大,成陆会更快。秦淮河西五华里的东南—西北走向,由此成型。南唐建金陵城时,东面城垣对秦淮河水形成新的阻隔,迫使秦淮河水面收窄,由上水门入城,城内河道也相应向东北延伸。随着秦淮河东五华里北端的确定,其东北—西南走向也渐定型。北宋时期的枯水,使城内秦淮河河道急剧收窄,白鹭洲公园南部、西部的水面渐成沼泽以至陆地,十里秦淮终形成了这样一个曲折的流向。

## 门东水泽影响发展

　　现代考古发现,同在秦淮河南岸,门西的开发早于门东。这同样是由于自然地理条件的影响。门西凤台山一带丘陵岗地,南接越城和雨花台,可以免受水患,所以从南郊来的移民进入这一带较早。而门东地区的山势不及门西,地势相对低洼,又直接承受上游秦淮河来水,水面要比门西地区大得多,成为宜居环境的时期自也较晚。只有琵琶巷、箍桶巷一带,地势较高,所以晋太康年间所置丹阳郡城,会选址于此。

　　从居民构成也可以看出,赤石矶一带成为居民区的时间,晚于凤台山长干里一带。我们现在从史籍中可以看到,东吴虞、魏、顾、陆等大族多居住在小长干里,如张昭、陆机、陆云等,皇族孙綝也曾"筑室朱雀桥南"。西晋末年王敦任扬州刺史,将府署西州城建在冶城东麓,应该也是这个原因。而东晋南朝的高门贵族多居住东面的青溪两岸,如王导、纪瞻、谢安、江总、谢灵运、沈庆之、管仲姬等。东晋后期会稽王司马道子任扬州刺史时,便放弃了王敦所建的西州城,改在在青溪东面兴建东府城,同样反映了这一权贵居住区的变化。王谢大族聚居的乌衣巷,在东吴时尚是军营。梁武帝生于赤石矶下的同夏里,后舍宅为光宅寺,梁武帝皇后郗氏化蟒处名蟒蛇仓,都在门东。

东晋南渡之初,江东世族对于北方人是看不起的。《世说新语·方正》记载:"王丞相初在江左,欲结援吴人,请婚陆太尉。对曰:'培塿无松柏,薰莸不同器。玩虽不才,义不为乱伦之始。'"朱、张、顾、陆是江东大族,旧时评说四家:"张文、朱武、陆忠、顾厚。"《世说新语·规箴》载:"孙皓问丞相陆凯曰:'卿一宗在朝有几人?'陆曰:'二相、五侯、将军十余人。'"他们当时将北方世族视为"伧父",以王导的身份,求与陆氏通婚尚且碰钉子,其他人更不须说。陆玩的回话中,尽管自贬身份低微,但明确提出不愿打破门第界限,可以看作南、北世族之间关系的一个表征。但北方世族有皇权为依托,对江东旧族一定也看不惯,所以他们不愿挤进长干里受人家的白眼,而在青溪两岸另行开辟出新的居住区。

《景定建康志》卷十九记载:"梁天监十二年,以朱雀门东北淮水纡曲,数有水患,又舟行旋冲太庙湾,乃凿通中央为舟子洲。诸郡秀才上计,憩止于此。"又记:"龙藏浦,在舟子洲岸西南,古曲秦淮是也。"今白鹭洲公园一带的大片水面,向南漫延,直到位于赤石矶之西的娄湖,南朝齐武帝曾作娄湖苑,陈宣帝立方明坛于娄湖以誓师,可见面积相当大。旧说娄湖系东吴娄侯张昭所开,因而得名娄湖。以张昭个人之力,开此大湖,实不足信,最多是因张昭得名而已。到了梁代,仍因水患严重,只好在秦淮河东边,开凿一条运河,以利河水下泄。而这运河与秦淮河之间,便形成一个周回七里的小岛,被称为舟子洲。

直到明代晚期,白鹭洲公园以西与秦淮河之间仍然沼泽连片。清代乾隆年间的"金陵四十八景"中,有一景名"长桥选妓",说的是明末清初"秦淮八艳"时代的故事,那长板桥就架在这一片沼泽上。清康熙年间沼泽稍干,遂改长桥为石坝,复演化成大石坝街、小石坝街、东石坝街、西石坝街。所以说六朝时白鹭洲公园与秦淮河尚连为一体,应该是没有疑问的。白鹭洲公园以南的小西湖,到明代面积还不小。(图043)

门东"淮水纡曲"的情况,从晚清陈作霖《东城志略》所附图上,尚可见端倪。此时舟子洲东边虽又与陆地相连,但秦淮河之东尚有一条名为小运河的支流,几乎纵贯门东地区,据说是明初开挖以便于运输,但很可能是据原有水道开拓

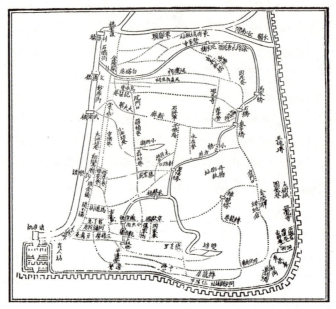

图043　东城山水街道图

而成。小运河现已基本湮没。

　　现在门东的双塘，很可能就是六朝娄湖的遗存。周处读书台所在地名老虎头，实由娄湖头音讹而成。我很怀疑是先有了老虎头这地名，才有了周处读书台的传说。据说"周处除三害"后来到建业，向陆云求教，后改邪归正，认真读书，成为东吴的官员。这传说其实很难成立。周处之父周鲂死于赤乌元年（二三八），史称周处"少孤"，但其生年决不会晚于此年。而陆机生于永安四年（二六一），陆云生于永安六年（二六三），至东吴灭亡（二八〇年），都还不到二十岁。周处比陆云至少要大二十五岁，他能在什么时候向陆云求教呢？而且南朝宋刘义庆《世说新语》、唐房玄龄等《晋书》、许嵩《建康实录》中记周处故事，都没有提到他在南京有居宅或读书之处，直到宋张敦颐《六朝事迹编类》中才出现"周处台（子隐堂）"。明正德《江宁县志》卷六记载："周处台，亦名子隐台，今京城东南有故基，在古鹿苑寺后。晋周处，字子隐，仕吴为东观左丞，台为退食读书处。宋嘉祐中，太守梅挚重修为记。"也是要到宋代才有这说法，所以很可能是出于附会。

## 南唐坊、市多在门西

南唐建城之际，还没有门西、门东的说法，直至宋、元，都是以内桥到南门的南唐御街作为区域划分的界限。

《景定建康志》卷十六载城内三十六坊中，内桥以南，御街以东有东锦绣坊、两处状元坊、嘉瑞坊、长乐坊、东市坊、长春坊、武定坊等，御街西有西锦绣坊、报恩坊、安乐坊、金泉坊、舜泽坊、金陵坊、建业坊、凤台坊、西市坊、鹭洲坊、宽征坊、清化坊、钦化坊、朝宗坊、佳丽坊、广济坊、崇胜坊、石城坊等。《至正金陵新志》卷四记载："《乾道》所载四厢二十坊，左南坊四曰：嘉瑞、长乐、翔鸾、武定；右南坊九曰：承贤、舜泽、建业、兴政、雅政、凤台、滨江、永安、敦教。"《乾道》即南宋乾道年间编纂的《乾道建康志》，早于《景定建康志》。正德《江宁县志》载"境内古坊"十个，即上列"右南坊九"加一个崇胜坊，并说明"承贤坊在今三山街"，以下各坊顺次自北向南，最南的崇胜坊"在镇淮桥西南"，由此可知各坊的大致方位。各书所记坊名虽不尽相同，但城南的坊数都占了总数的三分之二，证明城南地区仍是都城中最为密集的居民区和商业区。比较而言，御街以西的坊数又大大多于御街以东。（图044）

坊之外尚有市。《至正金陵新志》卷四中记述六朝古市后说："《南唐书》有金陵市。至今有清化市、罗帛市。而自昔言市者，则以东市、西市、凤台、鹭洲四坊之达为市，盖即鱼市。今银行、花行、鸡行、镇淮桥、新桥、笪桥，皆市也。"其记坊里位置时说："东市坊，在鱼市东；凤台坊，在鱼市南；西市坊，在鱼市西；鹭洲坊，在鱼市北。"又说："清化坊、钦化坊，并在西市之北。"凤台坊在凤台山一带，鹭洲坊在其北近秦淮河入江口，应无疑问。清化坊近清化桥，即今绒庄街北口的鸽子桥，钦化坊即今评事街，则南唐时西市的位置，当在颜料坊、牛市一带。东市的位置，则在铜作坊一带。金陵市即银作坊。这同样可以证明前文所说市场由南向北、由西向东发展的趋势。

清乾隆年间冯宁仿杨大章画宋院本《金陵图》，十米长卷，画中主体部分即自南门入城至龙光西门出城沿线的繁华市井风光，也就是今门西地区。街市中有饭馆、面店、酒肆、茶棚、粮铺、油行、染坊、当铺，还有学堂、书舍，街头杂耍等。时值春夏之交，有卖时鲜果品、莲藕的，也有卖扇子和蝈蝈笼的。运输工具除了

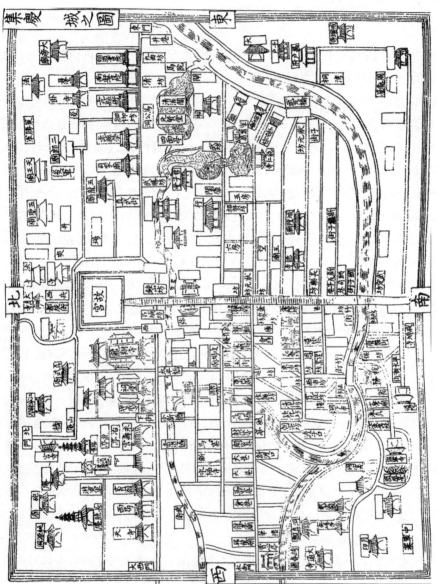

图 044 《至正金陵新志》中的集庆府城之图

水上的船只,还有牛车拉货、毛驴驮物。这可以说是宋代南京的"清明上河图",使我们可以形象生动地看到当时的城市风貌。(图045)

《至正金陵新志》中对各市也有考证:"戚氏《续志》云:今金陵坊、银行街,物货所集。花行,今层楼街,又呼花行街,有造花者。诸市但名存,不市其物。"戚氏《续志》,指元至顺年间戚光所纂《集庆续志》,可见这些商市直延续到元代,名称有变易,成了银行、花行、鸡行、鱼市、西市等,同时又是手工业作坊集中地,银行是金银器与铜器作坊,花行除售卖鲜花,也制作装饰用花。但名为鱼市,不一定就只卖鱼;名为鸡市,不一定就是卖鸡的市场。如《南唐近事》中提到的鸡行,是当时的闹市区,"《庆元志》:鸡行街,自昔古繁富之地,南唐放进士榜于此。"进士发榜,选择在闹市中心,以利传播。

南唐时期,金陵的造船、造纸、纺织、制茶以至铸钱工艺,都达到相当的水准。其时金陵商人的贸易活动,与唐代相比,还有一个重要的不同之处。我们从唐诗中看到的长干里商人,都是沿长江上下经营,没有像六朝商人那样扬帆出海。这不是诗人的疏忽,而是唐代为防海盗,官府禁止居民私自出海。例如成为中日交往佳话的鉴真东渡,前五次都是非法偷渡,所以屡受官府阻挠;第六次乘日本遣唐使的归国船东渡才得成功,但仍然属于偷渡。南唐时期恢复了海上运输,特别是朝廷重视与契丹的交好,希望能够形成南北夹击后周的局面。陆游《南唐书》卷十五《契丹传》载,契丹曾"持羊三万口、马二百匹",至南唐出售,"以其价市罗、纨、茶、药"。而南唐的茶叶、丝绸、瓷器等商品,都曾海运至辽东半岛,以换取时称"猛火油"的石油。此外,南唐与朝鲜半岛上的新罗、高丽,以至西方的大食,都有贸易往来。

由此可见,南唐建城,长干里商区只有边缘部分被隔在城墙之外,主要部分都被包入了城内。秦淮河两岸的商业、手工业更趋兴盛,吸引更多居民向此集中。也就是说,渐渐淡化、消解的仅仅是长干里这个地名。尤其是自南唐东门至龙光西门的东西主干道,相当于今建康路、升州路一线,逐渐发展成新的商业轴线,对改变南京城市格局产生重要影响。三山街一带成为此后最重要的商业中心。宋代所建文宣王庙、建康府学,正位于这条干线的南侧,选址时应也考虑到交通方便的因素。

另一方面,城市内部固然能得到较高的安全保障,城墙的围护对居民区的扩张,却又形成一种硬性的空间限制。所以在北宋秦淮河水位降低时,两岸河坡便迅速被人所占用。

图 045 《金陵图》局部（德基美术馆藏）

# "城南十八坊"

"城南十八坊",或称"金陵十八坊",同样是老南京人常挂在嘴边的话语。然而,若深究一下,"城南十八坊"的内涵到底指什么,又经历过怎样的发展与变迁?则也是众说纷纭,莫衷一是。准确地说,"城南十八坊"既不同于古代的居民里坊,也不能简单地说成明代的工艺作坊。

要弄清这一点,还得从古代的里坊制说起。

## 古代里坊的演变

里坊制的历史,几乎可以追溯到中国城市形成的源头。我们今天已经看不到先秦时代的城市,但根据文献记载,周代的城市就是实行闾里制的。那时候,位于天子王城附近的区域被称为郊区,稍远的地区则称为甸区,统称为王畿。郊区居民的基层组织方式是五户为"比"、五"比"为"闾",甸区居民的基层组织方式是五户为"邻"、五"邻"为"里"。我们今天还常常使用的"郊区"、"邻里"、"比邻"等词,就是从这里来的。这种行政组织,与国家的田制、军制、赋税制等密切关联,使政府管理工作简单划一。

闾里的周围都设有围墙,实际上成为一种城中之城,围墙内大致相等的方块土地,被称为"里"或者"坊"。而"闾"在后世则逐渐转化为门的意思。里坊的门是开向大街的,但居民的住宅只能把门开在坊内的巷里。能向大街开门的,在汉代只有万户侯的府第,在唐代只有三品以上的大官或者寺庙。唐代以前,坊门的管理非常严格,每天夜间都要关闭,禁止通行,以限制居民行动与加强防卫。坊门的形制,通常是两边各一根望柱,上架横梁,构成门框,中间装设门扇。

为了便于识别,梁枋上常悬有书写着坊名的牌匾,这大约就是后代牌坊门的原始形态了。坊内居民有什么值得表彰的事迹,官府也张榜(悬牌)于坊门之上,在古代称作"表闾",也就是表彰于门,这应该就是牌坊旌表功能的源头。

现在从《考工记》中还可以看到周代王城的闾里示意图,从平面上看去很像一组魔方的侧面,这当然只是理想化的城市模型。比较典型的是唐代长安城图,那一个个里坊规矩严整,街道纵横平直,轴线对称,显示出雄浑厚重的气派。这种布局不但影响着中国的城市,甚至影响到日本的都城建设。唐诗中提到坊的地方甚多,如杜甫的"时出碧鸡坊,西郊向草堂","盘剥白鸦谷口栗,饭煮青泥坊底芹";白居易的"迢迢青槐街,相去八九坊","半酣凭槛起四顾,七堰八门十六坊";元稹的"积善坊中前度饮,谢家诸婢笑扶行";崔涯的"觅得黄骝鞁绣鞍,善和坊里取端端";张籍的"青门坊外住,行坐见南山";李商隐的"通内藏珠府,应官解玉坊",可见当时里坊在日常生活中的位置。(图046)

宋代以后,随着商业和手工业的发展,打破里坊围墙开设店铺的事不断发生,很有点像二十世纪八九十年代的"破墙开店"风潮。政府遂不得不做出让步,而里坊管理体制也就逐渐被街巷制所取代。但帝王和官员们在城市规划中,只要自然条件许可,仍然会仿效古代都城这种规范化的格局。作为明清两代都城的北京古城,至今还能依稀看出这种方格式规划的痕迹。在长期作为中华民族政治文化中心的中原地区,也以方格网街道布局的城市居多。而近年"老城改造"中出现的封闭式住宅小区,恰恰又像是在从街巷退回为里坊,无论街区形式与管理方式,在城市发展史上,都属于一种倒退。

## 坊名与坊门、牌坊

里坊制消亡以后,以"坊"命名城市街区的习惯,仍被部分地保留下来了,一直到民国年间,南京还不断地有新的街坊出现。如美宜坊,在中山东路四条巷北端普华巷口,吴稚晖一九三八年为守寡外甥女所建,一九八五年拓建中山东路小区并入。仁义坊,在中山东路东段南侧,三条巷、四条巷之间,一九二〇年资本家何传忠建造,因近仁孝里、仁义里而得名。忠林坊,在中山东路西段北侧,东与刘军师桥平行。燕庆坊,原在新街口糖坊桥内,一九五〇年并入糖坊桥。

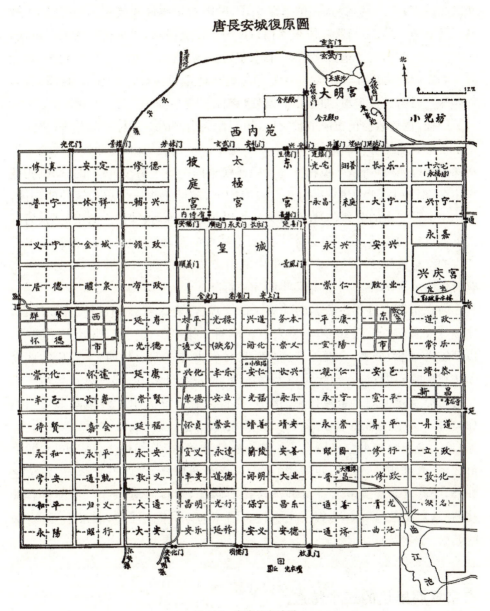

图 046　唐代长安城图

镛乐坊，中山南路北端东侧，正洪街内，人民商场后门，系一九三五年资本家顾仲镛兴建，故名。树德坊，在淮海路中段，民国初年绅商建楼赠军阀陈调元，故名。益元坊，原太平南路中段东侧长白街附近。新民坊，丹凤街东侧大石桥南，一九五〇年改名新安里。秋元坊，北京东路西端北侧，一九三〇年余秋声、姚元吉夫妇在此建房居住，故名；一九七〇年拆迁建电讯大楼，余地并入保泰后街，称西保泰后街。谦丰坊，原中山北路虹桥附近。惠民坊，原在下关商埠街。

同样，在坊墙被街市所取代之后，坊门作为街区的一种标志和装饰，仍然沿用了很久。当然坊门的形式也在不断变化中。宋代的坊门，在两边望柱的上端常髹黑漆以防腐，所以又被称作乌头门或棂星门。到了明代，坊门的形式、构造和用途，都发生了巨大的变化，多已没有门扇，实际上失去了里坊管理的功能，演化为某种艺术的载体，即我们今天还可以见到的牌坊、牌楼。而正是明、清两代形形色色的牌坊，在建筑艺术上达到了辉煌的顶峰，成为中国古建筑中很有特点的纪念性建筑小品。许多城市中的街市坊门，如北京的牌楼，成为一种富有特色的风景，直到二十世纪后半叶才被拆除。

南京也曾有过不少著名的牌坊，《白下琐言》卷二载："登巍科、膺显秩者，往往建立牌坊，苏、常最多，予乡则少。前明如徐中山大功坊、常开平花牌楼，传绩宏勋，此为最著，今漫无其迹矣。梁材尚书坊在武定桥西；王以旂太保尚书坊在驯象门内；许谷会元坊在大功坊西，当是今许家巷；邢一凤及第坊在武定桥，见《金陵世纪》《金陵私乘》诸书，亦皆无存。惟大中桥西顾尚书坊岿然独峙耳。"又记："国朝胡任舆状元坊，香楠木所造，极为宏壮，二百年来犹存。陈会元、秦状元皆未尝建坊也。他若十庙之英灵坊，鼎新桥之建安坊，城北之单牌楼、双牌楼、三牌楼、四牌楼，土街口之芦政牌楼，汉西门之牌楼，新桥之牌楼，徒有其名而无其实。又利涉桥侧有牌楼题'桃叶渡'三字，镇淮桥有牌楼题'巷舞衢歌'四字，久毁于火。惟内桥界牌坊，南隶江宁，北隶上元，嘉庆间始毁，予犹及见之。"

## 南京早期里坊的三个特点

南京城市早期里坊的状况，与中原城市里坊不尽相同，有着明显的特点：一是分布不规则,二是形态不规整,三是管理不规范。

这是因为,一方面,在南京地区,承载经济功能的"市",即居民区与商业区形成在前,而承载政治、军事功能的"城"建设在后;另一方面,"市"的形成又受到自然地理条件的制约,必须依山建房、沿水辟街,随形就势,难以方正。

这里要简单地说到城市形态的构成模式。在城市形态中,容易为人所注意的,是作为政治权力象征的"城",它有明确的指导思想与规制,可以说是统治者按照自己意志强加给这块土地的。在南京,这就是从东吴建都开始所形成的宫城区和都城区。但是基于经济发展的"市",则具有自然生长的形态。在农业生产达到一定的发达程度,剩余产品转化为商品和手工业原料,商业与手工业具有一定的规模,形成相对稳定的经营区域,便成为"市"。

前文说到的小长干巷商业区,即是这样的"市"。

虽然小长干巷紧邻越城,但并不能说明它与越城已形成城市。因为,在越城时期,小长干巷尚未成为繁华的居民区和商业区,所以秦代和汉代所立县的县城,都远在十公里之外。而当小长干巷繁荣之际,越城作为一种政权象征的地位,早已为后世所立的秣陵、丹阳、湖熟等县所取代。前文说过,如果一定要强调越城对南京城市发展的作用,那么,最重要的就是,它的存在成为一种提示,使人们较易发现此地的地理优势。汉代以后,今江宁区域内的居民寻找新的发展空间时,由越城遗址的存在,而注意到那一带优越的水上交通条件,于是相继出现了小长干巷、大市、长干里。

东吴建都之初,也并没有一个预定的规划,建业城是在军事据点基础上发展而成的政治中心,布局零乱,连皇宫都偏置于都城的一隅。对于数百年间逐渐形成的居民区与商业区,更是无力甚或无意加以规范。从理论上说,城乡力量对比的悬殊,总是让乡镇自动成为城市的属地;从实践上说,东吴立大市,对小长干巷商区进行有效管理,正是一种整合。这也标志着建业城不再是一个单纯的政治区域。

城市并不是"城"与"市"的机械组合,"市"与"城"的关系,并不决定于其位置在"城"内还是在"城"外,而决定于它与"城"是不是构成一个统一体。都城区与居民区两大功能区的分处两地,也就成为南京城市发展史上的一个重要特点。这种分离状态持续了大约一千年,要到南唐建都才最终结束。

东晋建都后,建康城内虽然有里坊的设置,但同样没能改变原有居民区的格局。即使是新设的里坊,也未能如中原都市那样做到环绕皇城、规格齐整。

《世说新语·言语》中的一个小故事,就是这种情况的反映:"宣武移镇南州,制街衢平直。人谓王东亭曰:'丞相初营建康,无所因承,而制置纡曲,方此为劣。'东亭曰:'此丞相乃所以为巧。江左地促,不如中国。若使阡陌条畅,则一览而尽,故纡余委曲,若不可测。'"

桓温在南州(今安徽当涂)规范建造了平直的街衢,有人对王导的孙子王珣说,你的祖父当初营造建康城,"无所因承",没有可以仿照的样板,所以街道纡曲,比不上桓温的设计。王珣辩解说,这正是王导的巧妙啊。江南地面狭小,没有中原那样宏阔,如果道路笔直,就让人一览无余了。所以王导故意设置成"纡余委曲"的形式,便显得深不可测。王珣巧言维护祖父,然而并没有说到点子上。王导在西晋时已成重臣,对于中原都城的规制,应该很清楚,所以不存在"无所因承"的问题,事实上建康都城也承袭了中原都城的礼制规范。所谓"纡余委曲",也就是陈作霖所说的"溪谷殊状,高下坡陀,曲巷斜街,易迷向背",描述的其实是秦淮河南岸的居民区,但它并不是出于王导的规划,而是数百年间自然形成的。对此王导确也无法强行调整,只能顺应。

形成这种"纡余委曲"的居民区,是因为南京地区的自然地理条件。前文说过,秦淮河常生水患,使居民不得不选择近水台地置业,也就是山冈间的"干",自然只能依山就势,难求规整平直。而这种"纡余曲折"的街道,还有一个好处,就是保暖,使冬日的寒风不易畅行肆虐。在南京生活过的人都很清楚,南京是个夏酷热冬严寒的城市,冬日的寒风之烈不亚于北方,所以这种街区格局能够长期延续。

由此可见,南京城市顺应自然环境、依山傍水的特色,在城市诞生之初就已形成。

我们今天已经无法看到六朝里坊的实况。但可以比较一下中国地图上犬牙交错的省界与美国地图上几何线条的州界,就可以大致了解,这种自然形成的区域,与规划之下形成的行政区域,会有多么大的差距。(图047)

东晋南朝建康的里坊管理,也没有中原都市那样严格。从前人史志中所能看到的里坊数,只有二十个左右,而各书记载的市场数就有十几个。其中不能排除有些里坊与市场是混为一体或难以区分的。而市场的管理与里坊的管理是不一样的。《世说新语·规箴》中有这样的记载:"元皇帝时,廷尉张闿在小市

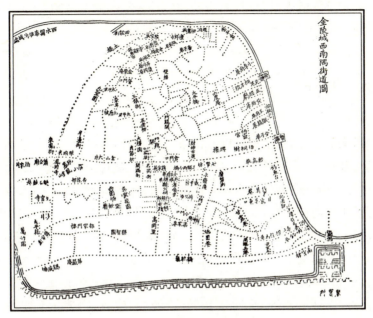

图047 金陵城西南隅街道图

居,私作都门,早闭晚开,群小患之,诣州府诉,不得理,遂至挝登闻鼓,犹不被判。闻贺司空出,至破冈,连名诣贺诉。贺曰:'身被征作礼官,不关此事。'群小叩头曰:'若府君复不见治,便无所诉。'贺未语,令且去:'见张廷尉当为及之。'张闻,即毁门,自至方山迎贺。贺出见,辞之曰:'此不必见关,但与君门情,相为惜之。'张愧谢曰:'小人有如此,始不即知,早已毁坏。'"

晋元帝时,廷尉张闿住在小市,私自做了里巷门,关得早开得晚,使做生意的商户大为不便。由此可见,这小市原来虽有围墙,但没有门禁,或者因成为小市而废除了门禁。商户们到州府去告状,甚至到朝廷外去击鼓鸣冤,各级政府都不受理。这似不能简单地归为官官相护,而是因为居民区设置里门,是政府的规定。司空贺循是率先辅佐晋元帝的江南士族领袖,既了解建康商市的情况,说话又够分量,所以众人向他诉说。贺循推托不成,只得表示见到张闿时会说起这事。听说贺循要干预,张闿不得不拆掉了巷门。贺循见到张闿,婉转地解释,这本不关他的事,但想到贺家与张家的世代交情,不免为他的声名惋惜。张闿也装糊涂,说百姓有这样的意见,他并不知道,现在一听说,就已经把门拆掉了。一面是法规,一面是民情,张闿尽管于法有据,但难免舆情谴责,家族声名受损。而南朝宋时编纂《世说新语》的刘义庆，对于张闿拆除里门是持赞赏态度的。

## "城南十八坊"本指人匠坊

六朝以来的坊名，除了部分以方位命名的，如禁中里、长干里、蒋陵里、青溪里、斗场里、建康里，大多则是吉语雅词，如永昌、凤凰、中兴、建兴、崇孝、化义、归仁、太清等。唐、宋以降，不少坊名仍被沿用，其实当时可能已非里坊，而成了街市。到了明代建都之际，流传下来的这类里坊，有些又被改成了实用性的名字。如《洪武京城图志》记载坊名二十三个，其中已显示出这种改变，如："广艺街，在上元县西，旧名细柳坊，一名武胜坊"；"善政坊，在大中桥西，旧名九曲坊"；"务公街，在善政坊西，旧名青溪坊"；"杂役三坊，在杂役二坊北，旧建业坊"；"银作坊，在鞍辔坊北，旧金陵坊"。正德《江宁县志》卷五所载更为明显："三山街（西通三山门，故名）在县北，中亦与上元分界（北属上元，南属江宁，即古承贤坊）。""竹街，在县南，临秦淮（即古滨江坊，又名盐渚，旧置盐市于此。今东通朱雀街，西通饮虹桥，北有巷通古花行）。""沙河街（俗呼沙窝），在秦淮南岸，对竹街（即古永安坊）。""银作坊，在县治东（即古建业坊，东通古御街）。铁作坊，在铜作坊西北（即古鹭洲坊，南通新桥，北接三山街）。"

不过，"城南十八坊"的来源，并不是这种零散的改名，而是出于明王朝明确的规制。正德《江宁县志》卷五说到，明代的坊，实有两种，一种就是街巷，另一种则是隶属于工部的民间工匠户籍管理机构。（图048）

顾起元《客座赘语》卷二载："高皇帝定鼎金陵，驱旧民置云南，乃于洪武十三等年，起取苏、浙等处上户四万五千余家，填实京师。壮丁发各监局充匠，余为编户，置都城之内外，名曰'坊厢'，有人丁而无田赋，止供勾摄而无徵派。"这年起实施的编户管理制度，将全城居民按职业类别分为民、军、匠三等，承担不同的差役，且必须按类居住。从苏、浙等地区召来的较富裕居民，都被充作手工业匠户，其中的壮丁，由监局统一调配，听从朝廷调遣服徭役，不得逃避，其他成员则作为在编人员，统一管理，不用交纳田赋，但随时要服从征调。其目的是满足当时南京城市建设和皇室生活的需要。

"城南十八坊"

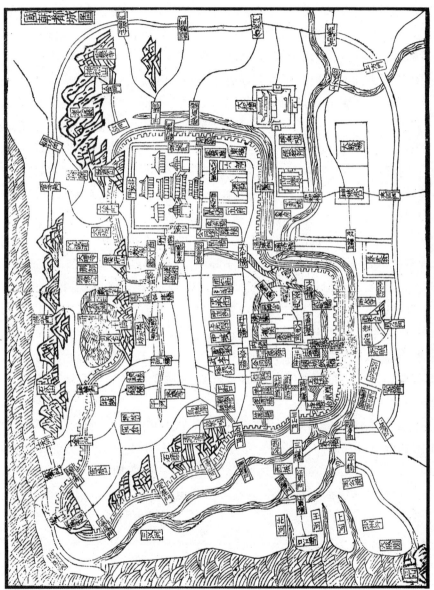

图048 《金陵古今图考》中的国朝都城图

匠户的地位低于民户,且世代相袭,不得改变,不许参加科举考试,除非得到皇帝的特许才可脱离匠籍。其服役期间可以领取钱粮报酬,非服役期间可以自行劳作。军籍中也有部分工匠,称为军匠。《明史·食货志》记载:"凡户三等:曰民,曰军,曰匠。民有儒,有医,有阴阳。军有校尉,有力士、弓铺兵。匠有厨役、裁缝、马船之类。濒海有盐灶。寺有僧,观有道士。毕以其业著籍。""凡军、匠、灶户,役皆永充。"匠户中也有分别:"匠户二等:曰住坐,曰轮班。住坐之匠,月上工十日。不赴班者,输罚班银六钱,故谓之输班。""明初工役之繁,自营建两京宗庙、宫殿、阙门、王府,采木、陶甓,工匠造作,以万万计。所在筑城、浚陂,百役俱举。"《明史·职官志》有类似说明:"凡工匠二等:曰轮班,三岁一役,役不过三月,皆复其家;曰住坐,月役一旬。"轮班的工匠,三年服役三个月,其他时间可以在家居住。而住坐工匠,每月服役十天,便难以离开京城。所以南京人匠坊中所居住的,应属住坐工匠,隶属于工部将作司。

正德《江宁县志》卷五《坊乡》中记载:"江宁编图,在城曰坊,在郭曰厢,在野曰乡,各有长以统报赋役。若颜料、毡匠等坊,以居肆名,非隶管官籍,别具衢道,兹不列。"颜料坊、毡匠坊等属于商市,不隶属于官籍。隶属官籍的,首列人匠坊,也就是通常说的工匠坊:"京城内外坊厢三十五。人匠一坊,在县东北(箭匠坊街西)。人匠二坊在县东北(箭匠坊街东)。人匠三坊在县西北(铁作坊内,即古鹭洲坊)。人匠四坊在县西北(皮作坊巷)。人匠五坊在县治前东南(即今银作坊右)。人匠,洪武原额十八坊,因人户消耗,并为五坊。以后坊皆类此,不复详著。"

这才是"城南十八坊"的出处。"十八坊"都属人匠坊,管理明初都城建设时期从全国各地征召来的住坐工匠。永乐十九年(一四二一)明成祖迁都北京,"取民匠户二万七千以行,减户口过半",此后不断从南京抽调工匠至北京。再加上"人户消耗",所以到正德年间,人匠坊已并为五坊。

## 以行业得名的匠作坊

洪武《京城图志·街市》中记载的工匠作坊有:"织锦一坊,在聚宝门内,旧桐树湾街;织锦二坊,在镇淮桥北,旧国子监街;织锦三坊,在织锦二坊北,旧关王庙巷;大中街,在针工坊北,旧状元坊;杂役一坊,在聚宝门内镇淮桥南沙河街;杂役二坊,在镇淮桥北旧竹街;杂役三坊,在杂役二坊北,旧建业坊;鞍辔坊,在杂役三坊北;银作坊,在鞍辔坊北,旧金陵坊;铁作坊,在弓匠坊东,旧小木头街;弓匠坊,在铁作坊西,旧镞子巷;毡匠坊,在弓匠坊西,旧水道巷;习艺东街,在习艺西街东;习艺西街,在皮作坊东,旧土街;皮作坊,在习艺坊西,旧评事街。"其间已包含了以相对集中的行业得名,不隶属于官方管理机构的民间坊巷。

明初官隶人匠,本是按行业分类集中居住的,相对人匠几坊这样模糊的名称,箭匠坊、铁作坊、皮作坊、银作坊等行业类别要明确得多,所以民间常以其行业称其住地。归并后的五坊,仍居住在原各行业住地附近。清代顺治二年(一六四五)宣布废除匠籍,统归民籍,残余的人匠坊也不复存在。而某行业人匠的居住地,遂以行业衍化为地名,所以流传到现在的,都是以行业命名的街巷了。

永乐迁都以后,南京的官属工匠业逐渐减少,此消彼长,民间工匠业日趋繁盛。正德《江宁县志》卷五《衢道》一节中列出江宁县境内的工匠坊有:"毡匠坊,在草鞋街北(北通果子行口)。颜料坊,在草鞋街东(即古西市,东接铜作坊)。铜作坊,在县治西(即古东市)。银作坊,在县治东(即古建业坊,东通古御街)。铁作坊,在铜作坊西北(即古鹭洲坊,南通新桥,北接三山街)。箭匠坊,在铁作坊东(南接丫头巷,北接望火楼巷)。弓匠坊,在铁作坊西(北通三山街,南通颜料坊)。鞍辔坊,在县治南(北通层楼巷,南通镞子巷)。皮作坊,在县西北(西通评事街,东通帽儿行)。"草鞋街,即今彩霞街。弓匠坊与箭匠坊后合为弓箭坊。其余各坊,在近年城市大拆迁之前,都还保持着当年的格局。(图049)

嘉靖《南畿志》卷四《城社》中,记载上元、江宁两县的"居艺之坊"仍是上述九个,即毡匠、颜料、铜作、银作、铁作、箭匠、弓匠、皮作、鞍辔。但出现了"市之廊十二",即十二个有廊棚的市场:花铺、鼓铺、扇铺、床铺、麻铺、表背、手帕、包头、香蜡、生药、纸铺、故衣。而非匠作坊只剩下五个:"大功(东抵秦淮,西通西御街,中山王徐达宅第在焉)、全节(在冶城下庙前)、英灵(在十庙前)、裕民(在太平桥北)善和(在武定桥东)。"此外,书中列出的一些街巷,也明显与工艺或商市有关,如习艺东街、习艺西街、草鞋街、磨盘街、木龙巷、竹竿巷、鸡鹅巷、干鱼巷、糯米巷、板巷、胭脂巷、头盔巷、针巷、手帕巷、锅巷、鲜鱼巷、油房巷、剪子巷、镞子巷等。

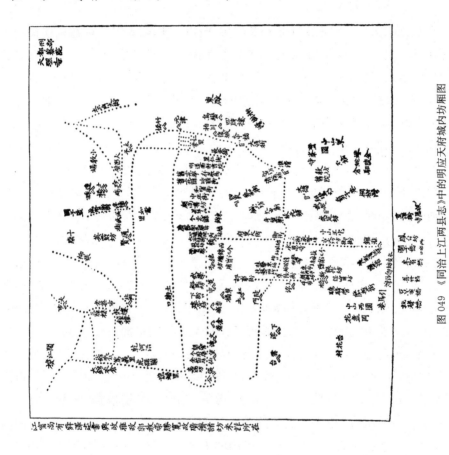

图049 《同治上江两县志》中的明应天府城内坊厢图

## 评事街地名的变迁

这里顺便说说皮作坊与评事街的地名变化。《洪武京城图志》中明确记载："皮作坊,在习艺坊西,旧评事街。"是皮作坊旧名评事街。而《南京地名大全》释评事街:"古时,此地为宰牛的回民出卖牛皮等皮货摊贩市场集中地,曾名皮市街。后讹为评事街。明初,又更名皮作坊。清又复名评事街。"

而《景定建康志》和《至正金陵新志》中,均未见有皮市街或皮市,不知《南京地名大全》所说的"古时"究是何时。《至正金陵新志》成书于元至正四年(一三四四),至明洪武元年(一三六八)仅二十来年,而朱元璋占据金陵,改集庆路为应天府,更早在元至正十六年(一三五六)春,其中间隔不过十二年,不知评事街地名如何能几经讹变。

明代的正德《江宁县志》卷五中则说:"皮作坊,在县西北(西通评事街,东通帽儿行)。"嘉靖《南畿志》卷四中记载城内"小街二十",其中亦有评事街,而"居艺之坊九"中则有皮作坊,可见其时两名并存。万历年间《客座赘语》卷一载:"皮市则在笪桥南。"笪桥即评事街北口跨秦淮中支之桥。由此可知,洪武《京城图志》中说皮作坊"在习艺坊西,旧评事街",准确地说,就是皮作坊位于评事街中,但并未取代评事街,皮作坊与评事街两名是长期共存的。《南京地名大全》中说"清代复名评事街",也是不准确的。

此后各种文献,直到清道光年间的《白下琐言》中,都只说到评事街亦名皮作坊。直到陈作霖《运渎桥道小志》中,才出现了"本名皮市街,曰评事者,音之转也"的说法。

据此而言,当有两种可能,其一,评事街中自明初开始长期开设皮作坊,皮货市场也就应运而生,民间遂有皮市、皮市街之称,陈作霖据实而记,但误以为皮市街之名出现在评事街之前。其二,南京地名中多有俗名雅化的现象,陈作霖因皮作坊的存在,而从"评事"二字倒推出谐音"皮市"。这就不免有些想当然了。

# 营、廊、市

《客座赘语》卷一记载："南都大市，为人货所集者，亦不过数处，而最夥为行口，自三山街西至斗门桥而已，其名曰果子行。它若大中桥、北门桥、三牌楼等处亦称大市集，然不过鱼肉蔬菜之类。如铜铁器则在铁作坊，皮市则在笪桥南，鼓铺则在三山街口，旧内西门之南，履鞋则在轿夫营，帘箔则在武定桥之东，伞则在应天府街之西，弓箭则在弓箭坊，木器南则钞库街，北则木匠营。盖国初建立街巷，百工货物买卖各有区肆，今沿旧名而居者，仅此数处。其他名在而实亡，如织锦坊、颜料坊、毡匠坊等皆空名，无复有居肆与贸易者矣。"以行名坊市，不会晚于南唐，鸡行街曾是南唐公布进士榜的闹市。《景定建康志》中提到银行、花行、鸡行，银行打造银器，花行制作假花，市场之外兼有作坊性质。元代各行、市已出现"不市其物"的名实不符情况。据《洪武京城图志》记载，果子行在明初确实是鲜果市场，到万历年间已成为南京最大的商市。类似"名在实亡"的情况相当普遍。

明初官属工匠聚居地，后来以行业衍化为地名，流传后世的，还有营、廊、市。

## 明初的匠营

南京老地名中的"营"，简单说来，大致可分几类。一类是军营，如门东的边营、中营、三条营，源于明初驻军，如小营、蓝旗营，源于清代驻军。一类即是明初匠营的遗存，因当年匠户集中居住，统一管理，有类于军队。一九五八年"大跃进"时的号召："思想革命化，组织军事化，生活集体化，行动战斗化"，除了"思想革命化"一条,都不能算是新发明。

"营"与"坊"不同,其分布不仅于城南,而广及城中以至城外。

这里且说匠营。如门东的木匠营,北至饮虹园,南至马道街,东与水佐营平行,西与箍桶巷平行,明初为木匠营地。箍桶也是木匠的活计,所以两地相近。古青溪西岸的棉鞋营,原名棉甲营,是明初为军队制作棉衣、棉鞋的作坊所在,其地在常府街东段南侧,北与头条巷相对,南接斛斗巷。到清代匠坊星散,而青溪河房水阁,吸引了不少文人雅士,近现代诗人管同因寄轩、陈三立散原别墅、郑孝胥春园、关鉴泉鉴园等均在此地,故曾被誉为"诗巷"。原靖逆侯张云翼府第、李鸿章府第均在棉鞋营与四条巷之间,南北相衔,民国年间将二府拓建为立法院,后并入海运学校。该校内现存李家"小姐楼"遗迹,这位李小姐嫁给了张佩纶,就是张爱玲的祖母。

肚带营,在长江路与相府营之间,东至网巾市,西至香铺营。因其地近小营,为马肚带作坊及市场。一九八八年江苏省作协所建宿舍楼,即在肚带营十八号,我在那里住过十二年。

香铺营是南北向道路,北过红庙至鸡鹅巷,南至长江路与上乘庵相对,现与上乘庵都被拓并入洪武北路。因其北通进香河,明、清时是香铺集中地。

铁匠营,在孝陵卫西,近小卫街,宁杭公路北侧,是明代卫军聚集铁匠铸造兵器之地。

扇骨营,在通济门七里街北段东侧,九龙桥东,东北沿河,南邻七里村,自明代即是专门制作折扇骨的作坊集中地。周晖《续金陵琐事》卷上载:"南京折扇名天下。成化年间,李昭竹骨,王孟仁画面,称为二绝。"《白下琐言》卷二载:"吾乡造作,折纸扇骨素有盛名,多聚居通济门外。其面用杭连纸者,谓之本面;用京元纸者,谓之苏面,较本面良。三山街绸缎廊一带不下数十家,张氏庆云馆为最,揩磨光熟,纸料洁厚,远方来购,其价较高。惟时样短小,求旧时之老棕竹、樱桃红、湘妃竹,骨长而脚方者,不可得矣。"其经销在三山街,作坊则在扇骨营。民国年间曾建扇骨新村,一九五〇年并入扇骨营。一九八七年改建为扇骨营小区。

还有一个黑墨营,在中央门外,南京火车站东北,樱驼村西北。但此地与匠作无关,原名黑马群,是明初放养黑马的牧场,与麒麟门至观音门一带的红马群、青马群、黄马群、白马群类同。明初养马之地,皆在都城之外,外郭之内。三十年前,二十八路公交车开通,终点站在黑墨营。我被黑墨营这个地名吸引,乘车前去寻访旧迹,哪知就是一片原野,后来才知道这地名之讹。

## 新兴的匠作营

明初这种以匠营命名的形式,为后世所沿用,一些新兴的行业集中地,也就以营为名。

如门东的厨子营,原名储积营,北至下江考棚,南至信府河,西通白酒坊,因系明、清科举考生膳食地而得名。但科考贡院迁移至夫子庙,是明代景泰年间的事。白酒坊是明代酿酒作坊聚集地,因当时所酿系米酒,呈白色。又传说沈万三住马道街,在此设坊制酒。与科考相关的还有轿夫营,曾名堂子巷,现名教敷营,地处中华路与建康路口东南角,现为丁字形巷道。因明、清时到夫子庙不可乘轿骑马,所以轿子都停放于此处,轿夫也就集中于此地。《客座赘语》卷一中说南京市井:"履鞋则在轿夫营。"因过往停留人多,尤其轿夫承重行走费鞋,轿夫营也成为履鞋集市。

莲子营,位于长乐路东段北侧,丁字形巷道,北至白鹭洲公园乌衣巷大门口,南至长乐路,东接糟坊巷。其得名之由,一说白鹭洲公园内莲子水产在此形成集市,一说其地原有尼庵,供奉送子观音,塑菩萨像赤足立于莲叶上,寓意"莲莲(连连)生子"。

闺奁营,一说原名鬼脸营,位于白下路西段北侧,清中叶尚多制作嫁妆的作坊。南京的作坊常兼经营,也就是俗话说的"前店后坊"。

酱棚营,仓巷北段东侧,一说明初有将官驻此,称将棚营;一说旧为酱坊集中地。

破布营,新街口中山东路南侧,南至正洪街,西侧即新街口百货公司,东侧是工人文化宫。原为破布、碎皮的集散市场,一说旧名破皮营。

破瓦营,中山东路东段南侧,三条巷与四条巷之间,后改名普华巷,一九八五年拓入中山东路小区。

芦席营,中央路西侧,西北至黑龙江路,南穿南昌路、模范马路、马家街至童家巷,长一千五百多米,因其西原为大片芦苇滩,属金川河北支湿地,当地居民多以编织芦席为业。芦席营至青石村一段,旧称筹市口,经营筹码、竹筷等竹制品。一九五三年后建为工人新村、化工学院等。

## 以营命名成为惯例

相沿既久,影响所及,以营为地名遂成为南京的一种惯例,有些与军事、匠作并无关系的街巷,也以营为名。

如相府营,位于长江路中段北侧,东至网巾市,西至香铺营。传说系明代某相府旧地,明初宰相多不得善终,后世已难知其详。但晚清陈作霖《钟南淮北区域志》尚未见此名,所以很可能是香铺营的支巷,民国年间讹为相府营。

止马营,朝天宫西南,莫愁路西侧,北至西止马营,西南至北湾子、虎踞南路口。因是前往朝天宫道路,路口旧有"文武官员军民人等在此下马"石碑,因得"止马"之名。此碑现被移至朝天宫西门前。东止马营,莫愁路东侧,运渎河道南岸,东至仓巷,与大牛首巷相对,西与西止马营相对。西止马营,莫愁路西侧,东与东止马营相对,西南至止马营,北至文津桥。附近的范家塘,清末尚为野塘荒僻之地,去朝天宫官员车、马、轿即停留于塘边,相当于那个时代的停车场。

避驾营,在门西饮马巷内,今六角井二十四巷。据传明初朱元璋巡城至此,百姓曾避入此巷。

尖角营,在鼓楼广场东南,是位于丹凤街、双龙巷、黄泥冈三条路之间的三角地,因而得名,是古代鼓楼南行的交通道口。黄泥冈就是鼓楼所在山冈,《洪武京城图志》中记载:"鼓楼在今北城兵马司东南,俗名为黄泥冈。"鼓楼冈原高出地面很多,南面陡坡过汉口路才渐趋平坦,东南坡沿到唱经楼。明初建鼓楼后,过冈的路也被叫成黄泥冈,由鼓楼东南行,穿过今鼓楼医院、中山路,与唱经楼西街相接。

古钵营,旧名古柏营,有古柏树一株。位于中华路西、绒庄街东。其北通白衣庵。因庵内供奉观音大士,旁有童子托钵,后讹为古钵。附近又有甘露营,得名于白衣庵观音大士手持甘露瓶。

吉兆营,西至中山路,东至唱经楼南口,其地旧有旃檀禅林,居民为求吉利而命名。

田吉营,北至长江路,南至青石街,西通洪武北路(上乘庵)。清代仍是水塘,多青蛙,得名田鸡营。民国年间建民居,改名田吉营。

## 从官廊到商廊

《白下琐言》卷一载:"前明都会所在,街衢洞达,洵为壮观。由东而西,则火星庙至三山门,大中桥至石城门;由南而北,则镇淮桥至内桥,评事街至明瓦廊,高井至北门桥,官街极其宽廊,可容九轨,左右皆缭以官廊,以蔽风雨。今为居民侵占者多,崇闳之地,半为湫隘之区矣。"火星庙原在白下路东端复兴巷一带,民国年间已不存,三山门即今水西门,石城门即今汉西门,高井即今丰富路一线。由此可以看出,三山街一带当时就是重要的交通枢纽与商业中心。

九轨,原指可容九辆车并行的道路,按东汉郑玄注《周礼·考工记》的说法,一轨合八尺,九轨七十二尺。后世也泛指道路宽阔,未必拘于成数。官街两侧都有官廊,当初的功能是为行人遮蔽风雨,后来逐渐被商民侵占,成为沿街市场。嘉靖《南畿志》中就说到"市之廊十二",即十二个位于廊下的市场。"廊",也就成了南京商市的一种特定名称。(图050)

晚清《钟南淮北区域志》载:"自承恩寺街起,至果子行止,明时辇道所经,左右各为廊房,如书铺廊(明蔡益所书坊在此)、绸缎廊、黑廊之属,上皆覆以瓦甓,行人由之,并可以避暑雨,最为便利。今路皆塞而不通矣。"承恩寺原在三山街东,清代毁于火,其地仍名承恩里,南段后拓并入建康路。果子行自三山街西至斗门桥。书铺廊近承恩寺,应在状元境一带。《白下琐言》卷二载:"书坊皆在状元境,比屋而居,有二十余家,大半皆江右人。虽通行坊本,然琳琅满架,亦殊可观。廿余年来,为浙人开设绸庄,书坊悉变市肆,不过一二存者,可见世之逐末者多矣。"可知绸缎廊亦在三山街口以东。当时三山街一带不仅有绸布店,而且多折扇店。黑廊自三山街西至黑廊巷口,后拓并入升州路,据说因官廊均铺黑瓦而得名,一说邻近制作黑簪的黑簪巷,成为黑簪市集所在。"逐末",即追求商业利润,旧时"士农工商"四业,以商业为末流。

此类地名,尚有裱画廊,东至承恩里,西至中华路,因邻近夫子庙奇玩街,成为裱画业的集中地。珠宝廊,明代旧称珠市,是珠宝经营中心,东自内桥、西至

营、廊、市

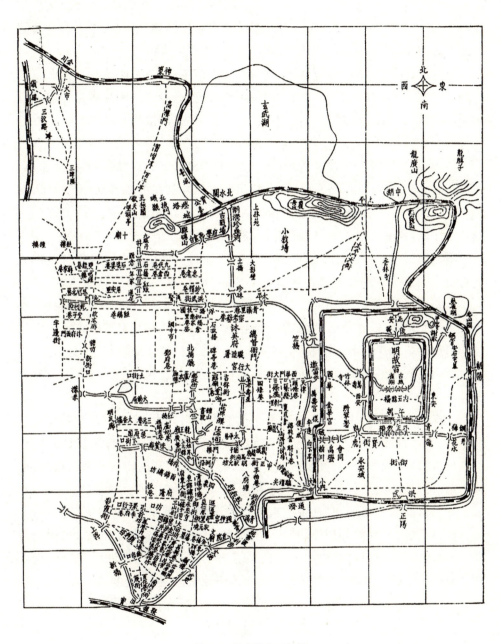

图 050　钟南淮北区域图

建邺路跑马巷口,一九三〇年拓并入白下路与建邺路。红纸廊,经营红纸作坊与市集,即建邺路西段,自大王府巷口至丰富路一段旧称,一九三〇年拓并入建邺路。扁担廊,东至中华路,西至镞子巷,旧时为扁担集市。

明瓦廊,北至中山南路与淮海路东西相对,南接大香炉,明清时经营明瓦的市场。在玻璃进入中国之前,人多用明瓦镶窗以透光。南京明瓦用羊角熬化制成薄片,可以添加色彩,透明度好,不脆裂,又不易着火,成为一时名产。秦淮灯船多用明瓦为灯罩。

估衣廊,亦称故衣廊,旧衣物市场。《白下琐言》卷六载:"城内有三故衣廊,一在花市之南,一在斗门桥之西,一在北门桥之南。其地多故衣铺,为旌德人裁缝聚处之所。惟北门桥尚有旧廊,余皆民居侵占矣。"北门桥估衣廊,自北门桥南至长江路,与糖坊桥相对,东通红庙及廊东街,西通廊后街(旧名廊背后)。至清代南北街口仍有拱门,路旁有长廊,现仅存地名。现在的人很难理解过去人们对估衣的热情。没有能力置备新衣的人,只能买旧衣穿。所谓估衣,有的是富贵人家淘汰的,有的是别人遗落的或偷盗来的,有的甚至是死人的衣物。直到二十世纪中叶,旧衣物仍是旧货市场中的商品大宗,而国家发放布票一度更加剧了这种需求。九十年代取消布票后,旧衣物交易才渐渐消失。

因为估衣廊的声望大,附近的一条小巷,北起鸡鹅巷,南至红庙,因旧有白石井栏名白井栏,年久也被讹为白井廊。

糖坊廊,位于中华路南端,自镇淮桥西沿秦淮河北岸,西至小百花巷与长乐街相接。古名竹街、篾街,居民以竹篾制品为业。又传说朱元璋因居民画灯讥马娘娘大脚,屠灭全街人,遂称灭街。清末有王、陈二姓在此兴办糖坊,遂改名糖坊廊。可见以廊命名市场也成为惯例。

除了官街旁的官廊,旧时桥上也多建有廊棚,开设商铺。《白下琐言》卷三载:"搭盖桥棚,非特毁损桥梁,侵占道路,而比屋鳞次,皆芦席、板壁,火患尤可虞。近年淮青桥、笪桥重修之后,已勒碑示禁。而长干桥、镇淮桥、新桥、大中桥、内桥、元津桥、斗门桥诸处仍然如故。若一体禁止,亦善政也。"

营、廊、市

## 以市名街和以街名市

因商成市,因坊成市,演为地名,历史最悠久的,还是"市"。东吴时即有大市、东市等,被作为地标。到明代,以市名街,以街名市,已相当普遍。洪武《京城图志·街市》中提到的就有:"大市,在大市街,旧天界寺门外,物货所聚;大中街市,在大中桥西;三山街市,在三山门内,斗门桥左右,时果所聚;新桥市,在新桥南北,鱼菜所聚;龙江市,在金川门外,柴炭等物所聚;江东市,在江东门外,多聚客商船只,米麦货物;北门桥市,在洪武街口,多卖鸡鹅鱼菜等物;长安市,在大中桥东;内桥市,在旧内府西,聚卖羊只牲口;六畜场,在江东门外,买卖马牛驴骡猪羊鸡鹅等畜;上中下塌坊,在清凉门外,屯卖段匹布帛茶盐纸蜡等货;草鞋夹,在仪凤门外江边,屯集筏木。"大市街"旧名夹道街",因有大市而被叫成大市街,是一个明显的例子。再如内桥市卖羊只牲口,当地的桥即被叫成羊市桥,后来附近又衍生出一个羊皮巷。

从上文所列十几处市场,可以看出几个特点,一是傍水邻桥者多,说明当时货运主要依靠水路;二是有十处集中在城南与西郊,城北只有三处;三是当时都城西垣仪凤门、石城门到三山门之外,外秦淮河沿线,分布着众多水陆码头,是重要的商品集散地,也是繁华闹市的外延区。官方在这一带建立多处塌坊,有类于后世的栈房,供客商中转存放货物,也便于官府收税。清乾隆年间冯宁仿杨大章画宋院本《金陵图》,长卷后半近三分之一,画的就是自龙光西门外到石头山下一线的市井和田园,江上船只或载人或运货或捕鱼,有纤夫背纤逆水而行的,有顺流直下的,江岸行人络绎不绝,间有骑马者。路边多房舍,又有土地面供人拜祀。从《洪武京城图志》中的《楼馆图》也可以看出,明初所建十六楼,有十一楼在三山门、石城门外,二楼在聚宝门外西侧,城内的南市楼、北市楼和叫佛楼,也都在三山街附近。可见十六楼未必像某些人所说是风月场所,而更可能是具有官办性质、接待四方客商的旅舍。(图051)

此类地名,延续到现当代的仍然不少。如牛市,新桥西北沿秦淮河东岸,南自长乐路西北至上浮桥,自明代即是牛马市集所在。马市,即马巷,甘家大院东,现拓并入中山南路。羊市,建邺路东段,东自鸽子桥口,西至下街口(即笪桥

图 051 《最新南京全图》，一九二七年，南部

市）一段，旧称羊市，其北有羊市桥。驴子市，建康路西，自三山街口东至状元境口（今教敷营）一段旧称。与轿夫营得名相类，行人乘骑的驴子拴系于此，因人流往来而成为市集。鸽子市，绒庄街北端，鸽子桥以北，元代已成为鸽子市，现并入建邺路。

笪桥市，评事街北端，自笪桥北至木料市，现拓并入建邺路。《白下琐言》卷二记载："笪桥灯市由来已久，正月初鱼龙杂沓，有银花火树之观，然皆剪纸为之。若彩帛灯则在评事街迤南一带，五色十光，尤为冠绝。"评事街、笪桥是明清灯彩业中心，灯市所在，也是彩扎作坊所在，民国年间仍多亭彩店，出租仪仗，扎制彩灯。

木料市，建邺路中段北侧，南与笪桥市相对，北与大香炉相接。明代即为木料市集。一说木料市原在笪桥市东至羊市桥一段。同属木料市场，鸽子桥南有大板巷，陡门桥南有船板巷、小船板巷。升州路中段南侧，陡门桥南的渡船口，旧时为竹器、车木集中地，在车木手艺几乎绝迹的今日，那里还有两家车木店。

丝市口，丝市集中地，民国年间附近仍多机房云锦业，一九三〇年拓为集庆路东段。集庆路东端至新桥口，即古东市所在。元孔齐《至正直记》载："集庆官纱，诸处所无，虽杭人多慧，犹不能效之。但阔处三尺，大数以上，杂色皆作。近又作一色素净者，尤妙，暑月之雅服也。"古西市即颜料坊，位于牛市东面，南自长乐路西北至上浮桥彩霞街口,明初染料作坊所在。这一带也是云锦等丝织品生产、销售中心。

《白下琐言》卷七载:"蚕桑盛于苏浙,金陵间亦习之,然丝质粗肥,远逊湖宁。惟织工推吾乡为最,入贡之品出汉府,民间所产皆在聚宝门内东、西偏,业此者不下千数百家,故江绸贡缎之名甲天下。剪绒则在孝陵卫,其盛与绸缎埒,交易之所在府署之西,地名绒庄。日中为市,负担而来者,踵相接也。"汉府,指汉府机房,两江总督署前汉府西街所设云锦机房。绒庄,即绒庄街,自鸽子桥南至绫庄巷口。绒庄街西侧有踹布坊,即明初踹布作坊所在,北自泥马巷南至走马巷,一条呈S形小巷。《白下琐言》卷四载:"骁骑营一带小街曲巷,往往有迷路出难之况,盖地近凤台,山势高低非如平坦,且机户最多,三五成邻,与官街大道不同。"凤游寺西临城墙一段旧称十间房,就是明清云锦机房化为地名。与此相类,莫愁路南端西侧韩家苑,旧名也叫十间房。门东边营东端原有八间房,一九五〇年分归入转龙巷、三条巷、双塘园。另太平南路北段东侧的红花地,也与云锦有关,系染丝用颜料红花种植园地。武定门外节制闸南侧红花村,旧名也叫红花地,同是红花种植园地。

中华路南段,北自下江考棚、南至煤灰堆,旧称花市大街,其西有小巷名采花市,今称扁担廊。此是鲜花集散地。南京女性随身佩花、室内供花成为习惯,尤其是炎热夏季,香气浓郁的花可掩汗味。这一传统可上溯到东晋,《晋书》卷三十二载,"三吴女子相与簪白花,望之如素柰"。这是首见于正史的社会性簪花活动。这种看上去像素柰花的小白花,就是茉莉花,柰是北方的叫法。南京人爱戴的栀子花、玳玳花等也都是白花,而茉莉花又是制作花茶的重要原料。长江路北的网巾市,自明代即是网巾作坊与市场。过去男子戴头巾,须先用网巾网住头发,至明初成为定制。明周晖《续金陵琐事》卷上载:"太祖一夕微行至神乐观,见一道士结网巾,问曰:'此何物耶?'对曰:'此网巾也,用以裹之头上,万发皆齐矣。'次日有旨,召神乐观结网巾道士,命为道官,仍取其网巾,遂为定式。"此外中华门外雨花路,明清时称米市大街、米行大街,是粮食集散地。长乐路武定桥南有大油坊巷、小油坊巷。升州路北侧豆腐苑,后改称邓府苑;干鱼巷,后改称甘雨巷。下浮桥南有菱角市,因地近莫愁湖,明清时为菱藕水产市场。自镇淮桥到沙湾、饮马巷一带,民国年间尚为鱼市所在。门西五福街南段旧有猫鱼市,一九五〇年并入五福街。南京人把小鱼称为猫鱼,意思是只能喂猫，价格十分便宜，其实很多人家买回去还是人吃的。大光路尚书巷南段旧称菜市口，清代即为蔬菜市场。直到民国年间，还先后出现过老菜市、新菜市。老菜市在山西路广场西，西起水佐岗，东至四卫头。新菜市则在湖南路丁家桥西侧，后一部并入马台街，一部并入湖北路。

## 街谈·巷议

街巷,是与居宅、工坊、商市同样重要的城市元素。定居与交流,是人类文明生活不可或缺的两个方面。如果说定居显示出城市稳定的一面,道路和商市,则是城市活力的体现。尽管随着居住区的产生,就必然会出现道路,但道路的发达程度,人们对道路的重视程度,则是城市发展水平的重要标尺,交通网络的形成,更是都市的标志。

南京在东吴时已成为都城,然而,在宋代以前的文献中,有关街巷的记载之少,出乎意料。如果说,在实行里坊制的时期,文献记录难免重里坊而轻道路,将里坊内部以至里坊以外的街巷都视为里坊的附属,可直到南宋年间,《六朝事迹编类》中仍将街巷归入"宅舍类",且只列出一街二巷。《景定建康志》中虽以"街巷"立目,记载的街巷一共才八条,远少于坊里、桥梁。

究其原因,南京城区"人家尽枕河"的地理形势具有决定性影响。繁密的水网使得水上交通的便利远过于陆上交通。东吴时疏理水道、开凿运河,工程量远过于修筑道路。前文曾说到六朝时期,人们出行、运输多取水路,商贾以至官员到了建康也常以船为居所。我们虽然能够从宅第、桥梁等获知一些街巷信息,如王导、谢安宅在乌衣巷,杜姥宅在兰台路东,又如青溪七桥、运渎六桥的介绍中,亦涉及附近道路,但这些道路,或以附近建筑物为名,如潮沟大巷、开善寺路、湘宫寺门前巷、青溪中桥路、延兴寺北路,或竟无名,如兴严寺前西出大路、东出句容大路。其时水道皆有名称,而街巷多无名称,足见街巷只是作为水上交通的补充,可能多处于"走的人多了也就成了路"的状态。今人仅以地名含意揣测哪些街巷始于六朝,哪些街巷始于唐宋,很容易发生望文生义的误会。我们可以说某地名的得名是与某时代的掌故有关,但这街巷未必就是肇始于那个时代,尤其是宋代以前的掌故。

从唐人诗歌中可以看到,迎来送往多与津渡航船有关。如王勃《白下驿饯唐少府》:"浦楼低晚照,乡路隔风烟。"李白《金陵白下亭留别》:"吴烟暝长条,汉水啮古根,向来送行处,回首阻笑言。"《宿白鹭洲寄杨江宁》:"朝别朱雀门,暮宿白鹭洲。波光摇海月,星影入城楼。"卢纶《夜泊金陵》:"圆月出高城,苍苍照水营。江中正吹笛,楼上又无更。"刘采春《望夫歌》:"不喜秦淮水,生憎江上船。载儿夫婿去,经岁又经年。"杜牧《泊秦淮》:"烟笼寒水月笼沙,夜泊秦淮近酒家。"为了往来方便,旅人们索性住在船上。

直到二十世纪五十年代初,政府制订秦淮河整治方案,仍将运输干道功能作为基点。一九五一年五月十六日的《拟具初步整治秦淮河意见》中,根据一九四七年国民政府水利部示范工程处的测量成果,提出"在武定门外秦淮河(即护城河)建筑桥闸一座,上面为道路桥,下为五孔节制闸,以调节秦淮河水量(包括城区秦淮河),使终年保持相当深度,维持常川通航,兼资灌溉用水,江水洪涨时,则闭闸以防倒灌。另开辟引河一道,建筑船闸一座,以便通航。将来如航行频繁,一座船闸不敷应用时,则可在引河内添建船闸一列或两列。""为维持船闸下游,终年保持相当水深,可以供五十吨的船只,经常通航,因此在武定门船闸下游到江口一段,必须加以浚深。"因为秦淮河每年一月到五月水位低落,航运停顿,外江船只不能进入市区,必须依赖公路运输,"所以生产成本增加,同时也影响了工商业的发展"。

## 元代的街巷道路

元代《至正金陵新志》中,立有《街巷》与《道路》两条目,现即以此作为街巷探索的一个基础。

其中所列南京街巷共十八条,前八条即承袭《景定建康志》所记。一、古御街,即朱雀街,台城南门至朱雀门的御道,相当于今洪武路、中华路一线。二、右御街,即出台城西掖门向南行道路,现具体方位已不明。三、焚衣街,古御街的一段,因梁废齐东昏侯,焚其"奢淫异服"于御街,因此得名。四、孔子巷,东晋所立孔子庙旧地,后庙迁乐游苑东,以丹阳郡城东南旧地为孔子寺,呼其巷为孔子巷。五、国子监巷,在镇淮桥北御街东,因南唐国子监所在而得名。六、乌衣巷,因王、谢子弟所居而得盛名,其位置当在今长乐路南,一说即剪子巷一线。七、运巷,因沈约居宅所在而得传,在冶城西,俗呼为黄泥巷。今朝天宫西街有黄鹂巷。八、主簿巷,在明道书院西,因程颢曾任上元县主簿而得名。南京明道书院建于南宋,在今夫子庙西北。这八条之中,始于六朝的六条,始于南唐的一条,始于南宋的一条。

新增录街巷计十条,也多是从此前文献中勾稽而得。一、圣火巷,得名于一个传说,见《景定建康志》卷五十,说晋元帝南渡时,有人将"洛阳旧火"带到南京,"火色甚赤,异于余火,有灵验,四方病者将此火煮药及灸,诸病皆愈","人号所居为圣火巷"。其地在禅众寺南,东通御街。按禅众寺在察战巷北。二、参佐巷,见《金陵故事》,在骠骑航西。三、察战巷,《吴录》官名有察战。《丹阳记》则说东晋苏峻叛乱,庾亮与苏峻七战于此,故名七战巷。其地在评事街旁佳兆巷一带。四、竹格巷,见《建康实录》,因西通竹格渡而得名,竹格渡约在今下浮桥附近,竹格巷当在今升州路下浮桥以东一段。五、白杨巷,在建康府城东南十八里,因谢灵运曾孙谢几卿等曾居于此而得传。六、青杨巷,见《异苑》,檀道济居青杨巷,清代已不详所在。七、马粪巷,见《南史》,王志、王僧虔家族居禁中里马粪巷,人称"马粪诸王",清人已不详所在。八、侍其巷,见《庆元志》,宋代侍其氏所居。一说永安坊雉鸡巷即侍其巷之讹。门西钓鱼台中旧有侍其巷。九、刁家巷,见《庆元志》,因南唐刁彦能子孙居此而得名,不详所在。十、五房六房巷,见《庆元志》,南宋建康府治门前直街东西,建此房以居吏员,一说始于南唐。这十条之中,始于六朝的是前七条,始于南唐的二条,始于宋代的一条。

其所列道路计十一条。一、秦皇驰道,相传秦始皇三十七年东巡,自江乘渡江,驰马于此,一说即江乘往镇江大路。属传说中的道路。二、吴帝驰道,见《吴都赋》:"朱阙双立,驰道如砥。"或即指御道。三、宋帝驰道,见《宋书》:"大明五年,孝武初立驰道,自阊阖门至朱雀门为南驰道,又自承明门至玄武湖为北驰道。"《宫苑记》认为"宋筑驰道,为调马之所",即训练马的场地。亦有人认为驰道是御道之外的快速道路。四、小丹阳路,在江宁县小丹阳镇。五、黄城大路,在上元县清风乡黄城村,侯景叛军自江乘来时经此路,不详所在。六、湖头路,见《南史》,在玄武湖东北。七、白杨路,一名白杨十字路,在城南十里,石子冈之横道。陈叔陵反叛逃至此地被擒。八、竹里路,在句容县北六十里仓头市。九、谢玄走马路,在江宁东山下。十、姜巴路,在小茅山后。十一、上容路,在上容渎,近句容县。

由此可见,当时区分道路与街巷,是因其功能不完全相同。列为道路者,纯为交通干道,故多在郊外。而街巷在通行功能之外,更多地作为居住、商贸和社会交往空间。这也成为一种习惯。直到晚清民国年间,作为交通干道的新式道路,被南京市民称为"马路"。从南京的地名中,可以清楚地看出,凡名为某某"街"的,多是旧式道路,而新式道路一律命名为某某"路",实是"马路"的略语。南京人口语中,至今仍将出门逛商场买东西说成"上街",而不说"上路"。

## 明初的街市与桥梁

我们现在面对的南京老城区,是明代建都以后形成的。所以明代文献中的街巷资料,对于我们的探索无疑更有意义。

《洪武京城图志》是明代南京方志中最早的一种,其《街市》一节中,是将街、巷、坊一并收录的:"长安街,在皇城西长安门外,即旧白下桥东;大通街,在大中桥东,南接通济门,北通竹桥。里仁街,在大中桥西,程明道、张南轩书院故基,今名里仁街;存义街,在里仁街西,宋上元县学故基;时雍街,在存义街西;和宁街,在时雍街西;中正街,在和宁街西;广艺街,在上元县西,旧名细柳坊,一名武胜坊;敦化坊,在中城兵马司西,六朝内城基,其西元建龙翔寺,今天界寺故基;裕民坊,在太平门(应为太平桥)北街,旧真武庙街;建安坊,在鼎新桥北街,俗呼下街。善政坊,在大中桥西,旧名九曲坊;务公街,在善政坊西,旧名清溪坊;致和街,在务公街西,旧清平桥街;大市街,在中城兵马司,故天界寺门外,旧名夹道街;全节坊,在朝天宫西,旧名忠孝坊,晋卞壸死节处,今名全节坊。织锦一坊,在聚宝门内,旧桐树湾街;织锦二坊,在镇淮桥北,旧国子监街;织锦三坊,在织锦二坊北,旧关王庙巷;大中街,在针工坊北,旧状元坊;杂役一坊,在聚宝门内镇淮桥南沙河街;杂役二坊,在镇淮桥北旧竹街;杂役三坊,在杂役二坊北,旧建业坊;鞍辔坊,在杂役三坊北;银作坊,在鞍辔坊北,旧金陵坊;铁作坊,在弓匠坊东,旧小木头街;弓匠坊,在铁作坊西,旧镟子巷;毡匠坊,在弓匠坊西,旧水道巷;习艺东街,在习艺西街东;习艺西街,在皮作坊东,旧土街;皮作坊,在习艺坊西,旧评事街。洪武街,在北门桥东;英灵坊,在十庙西;成贤街,在国学前;太平街,在太平门南。"此外又有三山街市、来宾街市,可知有三山街,"在三山门内斗门桥左右",来宾街,"在聚宝门外"。

这里列出的街巷,不再像《景定建康志》和《至正金陵新志》那样主要是勾稽历史上的古街巷名,而是当时实际提供交通功能的街巷。这是一个重要的变化,也是一个重要的进步。

文中说明了两条大街的起止。被列在首位的长安街,东北起西长安门。皇城承天门前外五龙桥一段,宽度超出南面的千步廊,成为一条横街,其东西两端分别开有长安左门(东长安门)和长安右门(西长安门),西长安门外原有大通桥(后称白虎桥),当在今瑞金路外五龙桥以西。旧白下桥即今大中桥。长安街自西长安门,向西南至大中桥东,可能部分与今八宝前街相合。当时中央官署五部六府都设在千步廊内,千步廊南面有洪武门可以出皇城,而西长安门则是千步廊西北的出口。因为"文武官朝房在长安街左右门外南北街",长安左门和长安右门外,都有南北向街道,有朝房供文武百官在这里等候上朝,官员们每天一早即须从城内居所赶到此处,所以这条大街成为原金陵城与皇城之间的交通要道。大通街,自大中桥北至竺桥,东南接通济门,与长安街相交叉。这一条应是原金陵城东垣北段被拆除后形成的南北交通干道,相当于今棉鞋营、二条巷一线。因原金陵城东门拆除,须由明都城通济门出入,所以东南延伸到通济门,应该也是明皇城修筑以后形成的道路。(图052)

从里仁街开始,则只说明了各街坊的位置关系。看书中的《街市桥梁图》,街市也以与里坊一样的小长方框表示,只能区分是东西并列还是南北并列,但不知起止。可以认为,当时的街巷,虽在名称上已有区别,但仍未完全脱离里坊的痕迹。东自里仁街西至建安坊,都是南北向的街坊,顺序排列在秦淮中支(今白下路、建邺路)以北。自善政坊至全节坊,顺序排列在秦淮中支以南、升州路以北。这一片也是街巷里坊和商市最密集的地方,由此可以看出秦淮中支对居民区域及街巷格局的重要影响,而升州路则是从六朝竹格巷发展而来。升州路以南与秦淮河之间,织锦一坊是东西向,织锦二坊和织锦三坊在其北,则是南北向;自杂役一坊至银作坊是东西向,自南向北排列;其余街坊便都是南北向的了。而洪武街、英灵坊、成贤街、太平街,是杨吴城濠(今珠江路)以北的街坊。

从这些地名中可以看到,有坊改为街的,也有街巷改为坊的。可以肯定,改为坊的街巷,如桐树湾街、关王庙巷、沙河街、旧竹街、小木头街、水道巷、评事街,

格致南京

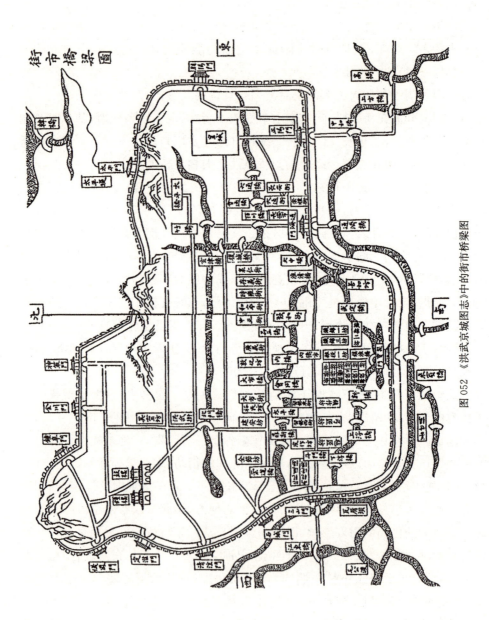

图 052 《洪武京城图志》中的街市桥梁图

应是明代之前已经形成,所改的坊,便是明初统一管理的匠作坊了。

值得注意的是,在《街市桥梁图》上,大中桥至三山门、柏川桥西至石城门、皇城西过玄津桥至北门桥南转石城门、竺桥至北门桥、北门桥经鼓楼至狮子山、鸡鸣寺南至清凉门、神策门至仪凤门、钟阜门至仪凤门,以及建安坊经北门桥至金川门等,都有双直线连接,但都没有标为道路,亦无名称。而《洪武京城图志》其他章节中,还提到一些街巷名,如《官署》中,"宗人府在承天门外御街东",承天门南至正阳门间,为明代御街。西城兵马司"在三山门外西关北街",三山门(即水西门)南侧有西水关,西关北街应为自此向北街道。江宁县衙"旧在聚宝门外西街,越城之侧,今徙银作坊内,系旧府治",可证西街之名,早于明代,或肇始于南唐,即小长干里被隔在城外的部分。而又有富乐院"在聚宝门外东街",可知当时尚有东街与西街相对。如《桥梁》中,"重译桥在聚宝门外东重译街"。如《楼馆》中,客店"一在通济街西",可知有通济街,当在通济门内;"一在江东门内南北街"。"鹤鸣楼在三山门外西关中街北",可知有西关中街。"轻烟楼在江东门内西关南街",又有西关南街。按江东门在三山门外,江东门内的南北街,有可能就是三山门外的西关南街和西关北街。由此可见当时水西门外之繁华。

## 明中期形成的街巷体系

正德《江宁县志》卷五中有《衢道》一节,所列"街十九、坊二十、巷十九",只限于南京城南部江宁县境内,而又有若干街巷在城垣之外,暂不细论。

嘉靖《南畿志》卷四《城社》中列出的街巷,比《洪武京城图志》增加了不少,明确分为大街、小街、巷三类,且相互关连通达,可见此时街巷体系已完全取代了里坊体系。其中列为大街的已有八条:"城内之大街曰长安(在大中桥东北直抵西长安门)、大通(横过长安街)、大中(在大中桥西南,直抵三山街)、崇礼(在洪武门西,直抵大中桥)、三山(在大中街西南)、大市(在府治西北)、洪武(在北门桥东北)、古御街(在内桥南,直抵聚宝门)。"

长安街、大通街已见于《洪武京城图志》。崇礼街东起洪武门西,洪武门是皇城的正南门,位于千步廊南端,南对光华门,西至大中桥,相当于今大光路一线。这是皇城与原金陵城之间的又一条交通干道,主要仍是方便五部六府官员的出入。街名崇礼,是因为通济门至正阳门一带,旧属崇礼乡。

大中街,自大中桥西南抵三山街,相当于今建康路一线。三山街,在大中街西南,即由今三山街口再向西南延伸。按三山街已见于《洪武京城图志》,三山街市在斗门桥附近;正德《江宁县志》说明"西通三山门,故名",没有说明东端始于何处。但斗门桥正当原运渎与秦淮河交汇之处,下浮桥向东过斗门桥一线即六朝竹格巷,可见其商市繁华始于六朝。

在八条大街中,有四条与大中桥相关,是因为大中桥本是南唐东门外的桥,自南唐东门沿秦淮中支北岸白下路、建邺路一线,西经三山街至龙光西门(明三山门)一线,久已形成交通干道和繁华商市,新建的皇城也需要与它相联系,所以成为重要的交通枢纽。三山街东接大中街,大中街东北接长安街,直抵长安西门,这三条大街连成一线,成为贯穿南京城的东西干道。三山门本是南京最重要的商品集散地之一,而各种货物可以通过三条大街迅速运达皇城,三山街一线也因此更加巩固了商业贸易中心的地位。

大市街,亦见于《洪武京城图志》,因大市所在而得名,大市桥即原南唐西虹桥,位于内桥西北,应在今建邺路东口张府园一带。

洪武街,亦见于《洪武京城图志》,并说"北门桥市,洪武街口,多卖鸡鹅鱼菜等物"。北门桥市自南唐以来即是一个重要集市。洪武街在北门桥东北,民国年间拓并入珠江路。北门桥南北今尚有鸡鹅巷、鱼市街。

值得注意的是,从《景定建康志》到《至正金陵新志》,列举街名时都以古御街为首,这时古御街却落到了最后。可见明代建都后城市格局改变,新的城市中轴线取代了六朝和南唐的中轴线,古御街在城内交通中的重要性已大大下降。

《南畿志》中列出小街二十条:"存义、里仁、时雍、太平、和宁、中正、致和、成贤、北新、习艺东、习艺西、十三丈街、务公、广艺、草鞋、评事、奇望、马道、周处、磨盘。"其中十三条已见于《洪武京城图志》,新出的是北新、十三丈街、草鞋、奇望、马道、周处、磨盘七条。

正德《江宁县志》卷五记载了当时隶属江宁县的小街情况:"草鞋街在县西,(东通颜料坊,西接斗门桥路,北接毡匠坊)。保宁街(旧通保宁寺,故名)在饮虹桥东南(即旧保宁坊)。竹街在县南临秦淮(即古滨江坊,又名盐渚,旧置盐市于此,今东通朱雀街,西通饮虹桥路,北有巷通古花行)。磨盘街在保宁街东南(饮马巷西)。沙河街(俗呼沙窝)在秦淮南岸,对竹街,即古永安坊。马道街、周处街并在镇淮桥东北。"较《南畿志》多出保宁街、竹街、沙河街三条。

这二十几条小街,有些街名沿用到现代,如中正街、致和街、成贤街、广艺街、评事街、马道街、磨盘街等,而草鞋街后改称彩霞街,竹街在清代称篦街,清末改糖坊廊,奇望街后并入建康路,周处街当在周处台下,也是明确的。其余小街位置多已见于《洪武京城图志》,只有北新街、十三丈街位置不详。

《南畿志》中所记三十一条巷:"卢妃、仓巷、木龙、竹竿、黄泥、银枪、泰山、军师、长乐、德庆、官店、长春、遇仙、鸡鹅、饮马、童子、干鱼、糯米、泥马、板巷、胭脂、斛斗、头盔、井巷、针巷、手帕、锅巷、鲜鱼、油房、剪子、镞子。"

正德《江宁县志》卷五也记载了一些小巷的情况:"长春巷在县治右(即古长春坊)。金沙泉巷在长春巷北。丫头巷在县治左(原名此,今俗呼为死人巷)。遇仙巷在县治前。鸡鹅巷在草鞋街西北(通南市楼)。饮马巷在聚宝门内(沙河街南小巷)。层楼巷在县治左,银作坊南(直南抵古花行)。""百花巷在竹街北(北通层楼巷,古采花市于此)。童子巷在颜料坊南。木龙巷在铁作坊东。望火楼巷在箭匠坊西北。""镞子巷在竹街北。"多出丫头巷、层楼巷、侍其巷、百花巷、望火楼巷五条。此外还记载了古巷乌衣巷、侍其巷、参佐巷、察战巷。

这些小巷多沿用到现代,如卢妃巷、仓巷、竹竿巷、黄泥巷、军师巷、长乐巷、饮马巷、糯米巷、泥马巷、胭脂巷、针巷、剪子巷、百花巷等。另干鱼巷后改称甘雨巷,板巷后称大板巷,头盔巷后称盔头巷,油房巷后称油坊巷,泰山巷后称泰仓巷,层楼巷后称层楼街,镞子巷后改称璇子巷等。不过,虽然北门桥市在明代"多卖鸡鹅鱼菜等物",但明人所说的鸡鹅巷,并不是今北门桥南的鸡鹅巷,而在今彩霞街与评事街之间。其余巷名今虽不存,但看其所处位置,多半是巷名改变,小巷并未消失。

## 清中期街巷与新街口

由明入清,南京不再具有陪都的地位,但是城市街巷仍在发展之中。嘉庆《江宁府志》重古迹而轻当世,只在卷十二《建置》中以很少的篇幅记载了城内街道的情况。但这介绍虽似简略,却勾勒出当时城市街道串连贯通的轮廓。

其时城内分为上元、江宁两县,故文中首先说明两县的分界线,"城内上元县倚北,自内桥与江宁中分,西至铁窗棂,东由四象桥至大通街,以北皆上元界也。城内江宁县倚南,自内桥中分,西至铁窗棂,东至大通街,以南皆江宁界也。"东自大通街口,即大中桥东,经升平桥、内桥,西至铁窗棂,大致相当于今白下路、建邺路一线,时称中正街。铁窗棂即今虎踞南路建邺路口北侧的涵洞口,自大中桥至铁窗棂,就是秦淮中支流域。这一条城市东西中轴线,与秦淮中支相依相伴。上元、江宁两县同城而治,肇始于南唐,两县分界,即在于此,延续千年未变。值得注意的是,这条道路,自冶山南麓向东,依次是六朝西州城南门(对今鼎新桥)外道路,唐江宁县衙前道路,南唐宫城南门(对今内桥)外道路,上元县衙前道路;继续东延,便是明皇城南门(洪武门)外的崇礼街了,可见水道对城市格局形成的重要影响。(图053)

现将其所记大街,分述如下。东西向的大街,自北向南,计有:

"洪武街,在上元县治北,东南自浮桥西抵莲花桥。"上元县治在白下路西口北侧,北距洪武街甚远。"自浮桥西抵莲花桥",与明人所说"北门桥东北"方位吻合,而起始明确。莲花桥在北门桥东,相距很近。

"西华门大街,在督院前,东入驻防城,西过行宫为土街,又西至双石鼓,至罗汉寺转湾南折,又西达旱西门。"督院,即两江总督署,现总统府。驻防城据明皇城向东、向南扩建而成,西垣仍沿用明皇城西墙。西华门在西安门东,西安门遗址现存,在今中山东路逸仙桥附近,玄津桥以东。行宫即今大行宫,今洪武路口旧名土街口。西华门大街东段相当于今中山东路稍偏南,其中大行宫至洪武路口一段旧称土街。双石鼓在新街口西,汉中路东段北侧,西接罗汉寺转湾,即今螺丝转弯。由螺丝转弯南行,转入石鼓路,石鼓路西口即正对汉西门。西华门大街是一条清代新出现的东西向干道,清圣祖南巡驻大行宫,离开南京时从汉西门出城,走的应该就是这条路。明代皇宫区居民不得进入,清代汉人仍不能进入驻防城,所以对于汉人来说,大街东端只到西安门为止。太平天国时期打开了驻防城,但又拆掉了西华门所在的宫城西墙,故而百姓所能见到的就只有西安门。因街名叫西华门大街,所以民间便将西安门误呼为西华门,直延续到当代。至于西安门南北的皇城城墙被拆,则是民国四年前后的事情,当时的说法是拆除满城,有着消除清王朝统治遗迹的政治意义。此后修中山东路,就是在西华门大街的基础上,向东延伸,切开了明皇城,直达朝阳门(今中山门)。

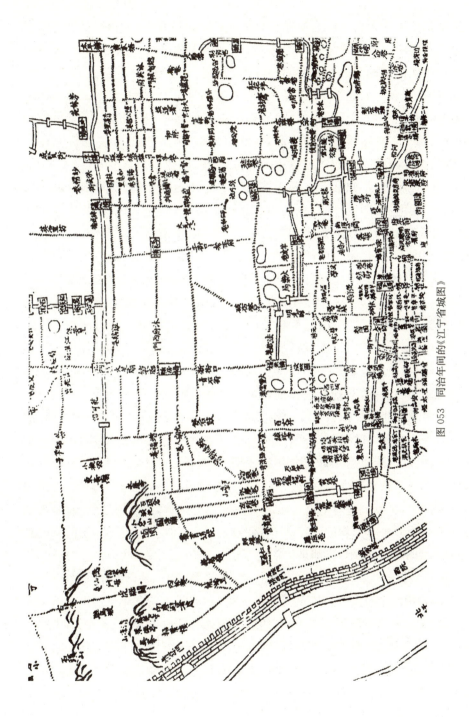

图 053 同治年间的《江宁省城图》

这里顺便说一说新街口这个地名的来历。最容易发生的误解,是新街口产生于民国年间中山大道修建。准确地说,修中山大道时产生的是新街口广场。也有人认为新街口地名出现早至明初,《南京地名大全》中说:"清工部《明代南京城图》载有此名。始建于明初,其方位在今丰富路北端,折东至中山南路的一小段街巷,名新街口。1928 年,为迎接孙中山灵柩入葬中山陵,在明新街口稍北,以糖坊廊与丰富路衔接处为中心,新辟中山路、中山东路、中山南路和汉中路,以地居 4 条新街交会处,沿用新街口名。"这份《明代南京城图》我没有见过,也没见别人提起过,不知珍藏在哪里。清工部为什么要绘制"明代南京城图",已经令人匪夷所思;即使绘制,也绝不会用这个图名,应为常识;即使用这个图名,也不能证明新街口地名始于明初。后文明说中山南路新辟于一九二八年,从现有古地图看,明代中山南路一线并无道路,则"新街口"东至何处?至于中山南路初名中正街,与丰富路衔接的应是糖坊桥而非糖坊廊,就不细论了。

新街口这个地名,这个十字街口,至迟在清代乾隆年间即已出现。我见到最早出现新街口地名的文献,是乾隆年间刘湘煃《城内沟渠考略》,前文《"人家尽枕河"》中已经说到过。"新"街口当与"旧"街口相对而得名,这个旧街口,就是洪武路(旧称卢妃巷、老王府)口的土街口。洪武路形成于南唐建城之后,是南唐宫城北部的道路,明初开进香河,洪武路北经上乘庵、香铺营即达进香河,成为一条南北向通道。而自西安门西来的土街与洪武路形成一个十字街口,故称土街口。明初皇宫区戒备森严,土街可能是在永乐迁都之后,即明代中后期逐渐形成,所以土街口这个地名应不晚于明代。清代明皇城成为驻防城,驻防城以外又有两江总督署、江宁织造署等,土街的交通需求必然高于明代,新出现的西华门大街,实际上是对旧有道路的一种整合与延伸,由土街继续向西,与三道高井相交处形成一个新的十字街口,便被叫成新街口了。所以,新街口的出现,应该与西华门大街相关,都是清初的事情。

我所见最早出现新街口地名的地图,是太平天国乱后,清同治年间刊印的《江宁省城图》,"板存金陵聚宝门内武定桥西大街,姑苏张凤荣纸铺监制",并说明是按照旧藏《金陵省会城垣街巷图》重刻的。原图的刊印时间,应在太平天国之前,不会晚于咸丰初年,但既称"金陵省会",则也不会早于乾隆二十五年(一七六〇)设江宁布政使。这与文献中出现新街口地名的时期正相吻合。图中新街口的方位很明确,由土街口到双石鼓的西华门大街,与糖坊桥的交叉点正在今新街口广场内。此图被收入南京出版社出版的《老地图·南京旧影》,查找很方便。

"中正街,在上元县治前,东至大中桥,西迄旱西门。"上元县治遗址现存,在今白下路北侧。古代建筑规范是坐北朝南,"县治前"即县治南。中正街即前述两县分界线之一段,故以中正为名。其西经今建邺路、朝天宫西街、堂子街,即到旱西门(今称汉西门)大街,北行至旱西门。旱西门为城西门,但旱西门大街不是东西走向,而呈南北走向。沿秦淮中支北侧形成的白下路、建邺路一线道路,六朝时即已肇端,南唐时更成为东西干道。但南唐金陵城大西门为邻近石头津这个良港,设在今汉西门位置,所以须向东南接建邺路一带居民商市区。

"水西门大街,西过油市达水西门,东出为奇望街,过淮青桥察院前,抵大中桥。"三山门此时已改称水西门,原来的三山街也改称水西门大街,只剩下了与今中华路相交的一个十字路口仍称三山街。而斗门桥以西至今仓巷口一段时称油市大街,再往西就是水西门了。水西门大街与油市大街民国年间都被拓并入升州路。奇望街则被拓并入建康路,今三山街口以东即建康路,过淮青桥直抵大中桥。

"贡院前街,沿秦淮北,西南交南城大街,西为篦街,宋之竹街也,又西尽下浮桥为止。"贡院前街,江南贡院南面街道,即今贡院街,东北直至桃叶渡,也就是十里秦淮入城之始。今贡院街西南接东牌楼、信府河。这一条说的是沿十里秦淮北岸的街道。南城大街,亦称南门大街,即今中华路南端。中华路西侧的篦街,即今糖坊廊,由此转向西北,经今长乐街、牛市等,直到横跨秦淮河的下浮桥,正是秦淮河西五华里北岸。

"钞库街,东自东水关,沿秦淮南交南城大街,又西尽下浮桥之南。"钞库街东至东水关,这一条说的是十里秦淮南岸街道,同样西南行至南城大街,再转向西北,至下浮桥南。

南北向的大街有:

"内桥大街,在上元县治西南,即南唐御街,南行为府东大街,又南交三山街迄南门。"这一条即南唐御街,当时划为三段,北段称内桥大街;中段称府东大街,府指江宁府署,时在西锦绣坊;过三山街称南城大街。三山街口既是重要的交通道口,也是繁华的商市中心。民国年间自内桥至中华门拓并为中华路。

"评事街,在上元县治西南,自笪桥出,过果子行口,又西南折过彩霞街,抵秦淮岸而止。"评事街在明初被列为小街,此时已成干道之一,其北起笪桥,南过果子行口。据此,则今升州路南的大彩霞街,原亦属评事街;而当时所说的彩霞街,即今小彩霞街。西南过小彩霞街即是上浮桥了。

"卢妃巷街,在上元县治西,北抵土街口,南抵内桥。"这一条即今洪武路,自内桥以北至今中山东路口,与西华门大街交于土街口。过土街口,经上乘庵、香铺营,与洪武街交于莲花桥;再向北经进香河,可直抵十庙前。这是一条较早形成的南北干道。

"北门桥街,在上元治北,南抵新街口,北至唱经楼。"北门桥街包括北门桥南、北两段。桥北至唱经楼一段,后改称鱼市街。桥南经估衣廊、糖坊桥,到新街口。

"高井大街,在上元治西南,南达下街口,北抵北门桥。"下街口,即笪桥市。桥南即评事街,桥北即高井大街,直过新街口到北门桥。也就是说,今糖坊桥、估衣廊,当时都在高井大街内。这是南京城里一条重要的南北干道,南自秦淮河岸,经评事街、高井大街,过北门桥到唱经楼,折向西北,由唱经楼西街又可沿黄泥冈直达鼓楼,通往城北地区。这条干道与西华门大街相交处,形成了新街口。这条南北干道有一个明显的弯折,是因为需要经过北门桥。南唐建城以后,北行出城只能经过北门桥,所以此地久已成为交通枢纽和商市中心。修中山大道时,从鼓楼到新街口取直线,即今中山路。北门桥一带逐渐衰落,仅剩下菜市场。(图054)

"花牌楼街,在上元治东北行宫前,南抵旧王府。"行宫即今大行宫,旧王府在今太平南路与建康路相交口西北角。花牌楼原是为常遇春府第所建,位于常府街西口,花牌楼街北近大行宫,南近建康路,民国年间拓并入太平南路。当时人仍习称杨公井一带为花牌楼,是新型书店集中之地。

由上述这些街巷,我们能够看出清代城市格局的新变化,也已能大致看出民国初年南京交通网络的大轮廓。民国定都后的道路建设,我在《南京城市史》中已有较详细的介绍,这里不再赘述。

图054 民国照片,北门桥

# "金陵王气"

"钟山龙盘,石头虎踞","金陵王气"之说,自六朝以来常在人口。"王濬楼船下益州,金陵王气黯然收。"刘禹锡信其曾有。"三百年间同晓梦,钟山何处有龙盘?"李商隐已疑其无。千余年来众说纷纭,直至当代仍有人以此图解南京的城市建设,遂成为南京历史上一个值得注意的文化现象。对于这样的文化现象,简单地加以肯定和否定,都是没有意义的。太平天国拜上帝,"文化大革命"批孔丘,转瞬即成过眼烟云。所以,我希望通过认真切实的分析探究,弄清其来龙去脉,"金陵王气"的说法,究竟在何时产生,为什么会产生?其盛衰起落,又有着怎样的背景?它对于南京城市的现实发展,究竟有着什么样的影响?

## "金陵王气"的最初出处

梳理古代史籍中关涉"金陵王气"的说法,大致有这样几种:秦始皇掘断连冈;秦始皇埋金玉杂宝于钟山;楚威王埋金;秦王铸金人埋于金陵冈。现将相关史料,依文献产生的时间顺序转录于下,并稍作分析。

虽然"金陵王气"被说成与楚威王、秦始皇有关,但现在能查到的最早文献记载,是晋人张勃所撰《吴录》,而且《吴录》原书早已散佚,只能看到《建康实录》《太平御览》等书中的引文。明人《说郛》中辑出的《吴录》,也只有寥寥几条。这些引文和辑录,究竟是晋人的原文,还是经过了引录者的修改,现在已无从查考。

《吴录》中与孙权选择定都南京有关的两条,见于《太平御览》卷一五六中所引:"《吴录》曰:张纮言于孙权曰:'秣陵,楚武王所置,名为金陵。秦始皇时,望

165

气者云,金陵有王者气,故掘断连冈,改名秣陵。有别小江,可以贮舡,宜为都邑。'刘备劝都之,自京口迁都焉。"

"《吴录》:刘备曾使诸葛亮至京,因睹秣陵山阜,叹曰:钟山龙盘,石头虎踞,此帝王之宅。"

秦始皇"掘断连冈",诸葛亮赞"龙盘虎踞",其初始出处都在这里。尤其是前一条,在后世越编越玄,越传越奇,可以作为顾颉刚先生"层累地造就历史"的一个鲜活例证。细审张勃这一段话,共有四层意思:第一,秣陵原是楚武王所置的金陵。第二,秦始皇时改名秣陵,但这里只说到有"望气者"的说法,没有提到始皇东巡;只说到"掘断连冈",没有提到掘断的地点及与秦淮河的关系。第三,秣陵有小江,可以贮备船只,利于水上运输,适宜作为都邑。前三层都是张纮的说辞。第四,刘备也劝孙权以此为都城,所以孙权从京口迁都金陵。也就是说,楚威王取了金陵这个好名字,望气者断定金陵"有王者气",尚不足以打动孙权,所以张纮又提出了小江(秦淮河)的实际功用,再加上同盟者刘备的劝说,才使孙权最终做出迁都决策。而刘备看重金陵,则因为有诸葛亮对金陵形势"龙盘虎踞"的高度评价。

《吴录》的撰著者张勃,虽生活在西晋,但其祖先是东吴高官,他本人也坚持东吴遗民的立场,主张三国时期应以东吴为正统。在《吴录》中,张勃列举"王者气"、"帝王宅",就是试图证明东吴孙权立国是上承天命。其实孙权由苏州而镇江,再迁南京,甚至一度西进武昌,正是一种不断进取与扩张的态势,主要考虑的是战略利害。只有张勃这样的遗老,才需要那种心灵鸡汤。然而晋所承续的是曹魏,都城则在洛阳,决不会承认东吴的正统。况且"王者气"本属虚妄,秦始皇"掘断连冈"于史无据,诸葛亮又没有到过金陵。所以《吴录》在西晋并不被重视。

## "处所具存,地有其气"

东吴定都秣陵是出于张纮的谋划,陈寿《三国志·张纮传》也有记载:"纮建计宜出都秣陵,权从之。"《三国志》是官修史书,陈寿是晋王朝的史官,在这里只对史实做了简单陈述。到了南朝宋,裴松之为《三国志》作注,就复杂得多了:

"《江表传》曰:纮谓权曰:秣陵,楚武王所置,名为金陵,地势冈阜连石头。访问故老云,昔秦始皇东巡会稽经此县,望气者云,金陵地形有王者都邑之气,故掘断连冈,改名秣陵。今处所具存,地有其气,天之所命,宜为都邑。权善其议,未能从也。后刘备之东,宿于秣陵,周观其地形,亦劝权都之。权曰,智者意同,遂都焉。"这里初次出现"秦始皇东巡"的说法,为望气者会忽然想到"金陵王气",提供一个依据,也为秦始皇掘断连冈,设定了一个确切的年代。

《江表传》是西晋虞溥所撰,同样是主要记述东吴故事的野史,且语多赞美。裴松之没有引《吴录》,而引用了《江表传》。一方面,虞溥的儿子在东晋初年将《江表传》上呈给晋元帝,晋元帝的接受,显示了朝廷对这部书的认可。另一方面,《江表传》的描述更为丰富生动。《江表传》早已散佚,现在能看到的就是裴松之的引文。因而我们无法知道这一段话究竟是《江表传》的原文,还是裴松之的转述。特别是其中较《吴录》多出了"今处所具存,地有其气,天之所命,宜为都邑"一层意思,强调秦始皇的破坏没有效果,"金陵王气"依然存在。此一时彼一时,东晋王朝丢失中原,偏安江南,定都建康,无论对于东晋还是承续东晋的南朝宋,将金陵说成天命所在的都邑,都是大有利于提高王朝自信的。"金陵王气"之说,正是在这一背景下,开始兴盛起来。

但是《江表传》比《吴录》少了"有别小江,可以贮舡"一层意思。所以裴松之又引了《献帝春秋》中的一段文字:"刘备至京,谓孙权曰:'吴去此数百里,即有警急,赴救为难。将军无意屯京乎?'权曰:'秣陵有小江百余里,可以安大船。吾方理水军,当移居之。'备曰:'芜湖近濡须,亦佳也。'权曰:'吾欲图徐州,宜近下也。'"

裴松之对这一段话是不相信的:"臣松之以为,秣陵之与芜湖,道里所校无几,于北侵利便,亦有何异,而云欲窥徐州,贪秣陵近下,非其理也。诸书皆云刘备劝都秣陵,而此独曰权自欲都之,又为虚错。"裴氏以为芜湖和秣陵在军事上的地位相当,攻略北方的利便也差不多,孙权一定弃芜湖取秣陵的理由不充足。各书都说是刘备劝孙权都秣陵,这里却说孙权自己选中了秣陵,不可信。然而,刘备与孙权在京口讨论此事,应该是东汉建安十四年(二〇九)。《献帝春秋》是东汉末年人所撰,时间相距甚近,很可能记录的恰是事实。刘备当然希望孙权在赤壁之战大败曹操后,仍退守吴地,让蜀国可以有更大的发展空间,但孙权则毫不犹豫地表示了自己西进秣陵、北窥徐州的雄心,这是让刘备很失望的。更重要的是，孙权"秣陵有小江百余里"的说法，正是此前张纮列举的迁都理由之一，孙权很可能正是被这一军事、交通上的有利条件所打动。

## "五百年后"源起东晋

《江表传》中首次提到了秦始皇东巡。到了东晋，这个故事又有了新的发展。

唐欧阳询撰《艺文类聚》卷九十八载："《晋中兴书》曰：昔秦始皇东游，望气者云，五百年后，东南金陵之地有天子气。于是始皇改为秣陵，堑北山，绝其势。今建康即秣陵西北界，所堑即建康南淮中也。按始皇东游之岁，至孙权僭号，四百三十七年，考之年数既不合，挍之基宇又非伦，岂应帝王之符而见兆于上代乎。有晋金行，奄君四海，金陵之祥，其在斯矣。且秦政东游至今五百二十六年，所谓五百年后，当有王者也。"

此处增加了一个重要的时间概念，即秦始皇时的望气者确指金陵有天子气的时间是"五百年后"，而五百年后在金陵建都的正是东晋王朝。这就道破了作者宣扬"五百年后"有天子气的真实意图。此书名为《晋中兴书》，这一说法正是为东晋的中兴制造理论依据。

《晋中兴书》的作者，一说是何法盛，一说是郗绍。《南史》卷三十三载："时有郗绍，亦作《晋中兴书》，数以示何法盛。法盛有意图之，谓绍曰：'卿名位贵达，不复俟此延誉。我寒士，无闻于时，如袁宏、干宝之徒，赖有著述流声于后，宜以为惠。'绍不与。至书成，在斋内厨中，法盛诣绍，绍不在，直入窃书。绍还，失之，无复兼本。于是遂行何书。"认定何法盛盗窃了郗绍的书稿。这是晋安帝义熙年间的事，无论作者是何是郗，其生活于晋、宋之间是无疑的。

这又出现了一个疑问，即秦始皇东巡到东晋末年，已是六百多年，"至今五百二十六年"一语，不能成立。

唐房玄龄等《晋书·元帝纪》，解决了这个问题，原来"五百年后"说法的始作俑者，并不是何法盛，而是东晋初年的孙盛："始秦时望气者云，五百年后金陵有天子气，故始皇东游以厌之，改其地曰秣陵，堑北山以绝其势。及孙权之称号，自谓当之。孙盛以为始皇逮于孙氏四百三十七载，考其历数，犹为未及。元帝之渡江也,乃五百二十六年,真人之应在于此矣。"东晋立国距秦始皇东巡五百二十六年,"金陵王气"的预言,是应在了晋元帝的身上。

孙盛是东晋官员,生活在王导执政时期,著有《晋阳秋》《魏氏春秋》等几种史著,但也早已散佚,现在只能看到其他书中的引文。苏峻之乱平定后,建康宫室毁坏,朝中众臣多打算放弃建康,为迁都至何处争执不下。"司徒王导独曰:'建康古之秣陵,帝王所居,孙仲谋、刘玄德皆云王者之宅,不可改。'"孙盛的说法,正是为王导提供理论依据。王导所坚持的理由,仍限于《江表传》的内容,而孙盛对"五百年后"的具体分析,无疑是出于首创。"五百年后"这个期限的设置,正是为了将东吴建都排除在外,这至少可免除两方面的顾虑:一是"金陵王气"已经应在了孙权身上;二是东吴立国短暂,说明"金陵王气"确实已被秦始皇所破坏。由此看来,"五百年后"应该就是孙盛的发明,而为东晋南朝人士所乐道。

## 蒋山"紫云"与"黄旗紫盖"

南朝梁沈约撰《宋书》,卷二十七《符瑞上》载:"初秦始皇巡济江,望气者云,五百年后,江东有天子气出于吴,而金陵之地有王者之势。于是秦始皇乃改金陵曰秣陵,凿北山以绝其势。至吴,又令囚徒十余万人掘污其地,表以恶名,故曰囚卷县,今嘉兴县也。汉世术士言黄旗紫盖,见于斗、牛之间,江东有天子气。"又载:"吴亡后,蒋山上常有紫云,数术者亦云江东犹有帝王气。"这里在强调"五百年后"之外,又增加了几个要素。一是汉代术士仍说江东有天子气,东吴亡后,"江东犹有帝王气",也就是说,金陵的帝王气自秦至汉至东吴,始终蕴而未发。二是明确将"天子气"、"帝王气"与蒋山上的"紫云"相联系。"气"无色无形,本不可见,所以"望气"显得玄奥莫测,而钟山上的"紫云"人人可见,我在年轻时还看到过。这是因为山顶附近有紫色岩层袒露,在阳光照射下闪耀出紫红色光芒。古代术士将其说成"紫气"、"紫盖",作为帝王出现的征兆。

此外,《宋书》《晋书》《晋中兴书》中,都把秦始皇的"掘断连冈",确指为"凿北山"。北山,即钟山、蒋山,这很可能就是因为"蒋山上常有紫云",正应了术士们爱说的"黄旗紫盖"。既然王气在蒋山,那么秦始皇欲破王气,自然就应该凿蒋山。

按"黄旗紫盖",典出《江表传》,见于《三国志》卷四十八,《吴书·三嗣主传》裴松之注所引。孙皓宝鼎三年,"春正月晦,皓举大众出华里,皓母及妃妾皆行。东观令华覈等固争,乃还"。裴松之注:"《江表传》曰,初丹阳刁玄使蜀,得司马徽与刘廙论运命历数事,玄诈增其文以诳国人曰:'黄旗紫盖,见于东南,终有天下者,荆扬之君乎。'又得国中降人言,寿春下有童谣曰:'吴天子当上。'皓闻之喜曰:'此天命也。'即载其母、妻子及后宫数千人从牛渚陆道西上,云青盖入洛阳,以顺天命。"结果遭遇大雪封路,几乎造成兵士哗变,不得不狼狈退回。但黄旗紫盖的说法,可以肯定不是刁玄的发明,应该在当时已经为人所熟知,否则不会有这样大的影响力。

东晋庾阐《扬都赋》中,也曾写到"土映黄旗之景,峦吐紫盖之祥"。唐欧阳询《艺文类聚》卷七引《庾阐扬都赋注》:"建康宫北十里有蒋山,《舆地图》谓之钟山。元皇帝未渡江之年,望气者云,蒋山上有紫云,时时晨见。"这一段文字,研究者多认为可能是庾阐自注。庾阐的生活时代,与孙盛差不多。

从南朝梁沦落北周的庾信,在《哀江南赋》中写道:"昔之虎踞龙盘。加以黄旗紫气,莫不随狐兔而窟穴,与风尘而殄悴。"则是借此以表达对南朝衰亡的哀伤了。

## "凿方山"与秦淮河

唐许嵩《建康实录》中也记载了这个故事,说秦始皇三十六年(应为三十七年,公元前二一〇)东巡,在江乘渡江时,"望气者云:'五百年后,金陵有天子气。'因凿钟阜,断金陵长陇以通流,至今呼为秦淮。"这里第一次将秦始皇"掘断连冈"与秦淮河联系起来。《秦淮河的历史变迁》中曾说到,秦淮河的得名,正是许嵩生活时代的事情。在大一统的唐代,当然不希望非都城的金陵有什么王气,所以要坐实"金陵王气"确已被秦始皇所破坏。而此时"秦淮河"这个名称已经在民间流传有年,正可以作为金陵长垄被掘断的证据。

作为一个严肃的学者,许嵩对此是不无疑问的。他在注文中说:"其淮本名龙藏浦,其上有二源:一发自华山,经句容西南流;一发自东庐山,经溧水西北流,入江宁界二源合,自方山埭西注大江。其二源分派屈曲,不类人功,疑非秦始皇所开。古老相传,方山西渎江三十里,是秦始皇所开,又凿石垯山西而疏决此浦,后人因名秦淮也。"因为当时南京的"北山",已被确指为钟山的代称,而钟山与秦淮河没有交会点。也就是说,随着这个故事越编越复杂,就难免出现矛盾,不能自圆其说。

于是许嵩不得不寻找新的依据,遂有凿方山之说。然而,方山既非"金陵长陇",又非钟阜,尤其是其位于金陵之南,"凿北山"变成了凿南山,未免更说不通。所以他用"古老相传"搪塞过去。反正是有此一说,姑妄言之,姑妄听之。

稍后,李吉甫《元和郡县图志·江南道》中,说上元县"本金陵地。秦始皇时,望气者云,五百年后金陵有都邑之气,故始皇东游以厌之,改其地曰秣陵,堑北山以绝其势。"这里更进一步,竟说秦始皇东巡的目的,就是为了镇厌金陵的王气。但他也认为秦始皇所凿之处在金陵以南的方山:"在县东南七十里,秦凿金陵,以断其势,方山决流,是所断之处也。"他意识到凿方山与"掘断金陵长陇""凿北山"之间的矛盾,于是将"金陵长陇"简化为"金陵",方山既属金陵,凿方山即是凿金陵,算是补上了这个漏洞。

## 埋金传说始于唐

凿秦淮的问题算是解决了。然而,前人关于钟山王气的说法,已经深入人心,不能置之不理,任其继续流传。所以也在唐代,出现了秦始皇或楚王埋金的传说。

南京得名金陵的原因,《建康实录》开篇交待得相当清楚:"越霸中国,与齐、楚争强,为楚威王所灭,其地又属楚,乃因山立号,置金陵邑也。楚之金陵,今石头城是也。或云地接华阳金坛之陵,故号金陵。""华阳金坛之陵"就是茅山,传说茅山华阳洞中有金坛百丈。亦如《三茅歌》所说:"茅山连金陵,江湖据下流。"

宋《太平御览》卷四十一释蒋山:"《金陵地记》曰,秦始皇时望气者云金陵有天子气,乃东巡,埋金玉杂宝于钟山,仍断其地,更名曰秣陵。"《金陵地记》是唐人元广之所撰,首次出现了"埋金玉杂宝于钟山"的说法。而《太平御览》卷一百七十又有异说:"《金陵图》云,昔楚威王见此有王气,因埋金以镇之,故曰金陵。秦并天下,望气者言江东有天子气,凿地断连冈,因改金陵为秣陵。"同样是埋金以镇王气,但埋金者变成了楚威王,时间提前了一百多年。

问题在于,秦始皇埋金也好,楚王埋金也罢,六朝时尚无记载,唐人又是从何得知的呢?我们固不能起唐人于地下而问之,但是有一点是可以明确的,那就是在大一统的唐王朝,"金陵王气"最好就是一种已被消弭的历史,既可以供文人骚客怀古咏叹,又对现实政权没有威胁。所以在唐人的笔下,"金陵王气"是曾经有过,但已被各种法术所镇厌。秦淮河的定名,埋金说的衍生,都可以由此得到解释。(图055)

到了南宋,周应合《景定建康志》中专门绘制了一张《龙盘虎踞图》,他在卷十七《山川志序》中解释:"由钟山而左,自摄山、临沂、雉亭、衡阳诸山以达于东,又东为白山、大城、云穴、武冈诸山以达于东南,又东南为土山、张山、青龙、石硊、天印、彭城、雁门、竹堂诸山以达于南,又南为聚宝山、戚家山、梓橦山、紫岩、夏侯、天阙诸山以达于西南,又西南绵亘至三山而止于大江,此亮所谓龙盘之势也。自钟山而右,近之为覆舟山,为鸡笼山,皆在宫城之后,又北为直渎山、大壮观山、四望山以达于西北,又西北为幕府、卢龙、马鞍诸山以达于西是为石头城,亦止于江,此亮所谓虎踞之形也。"将南京周边诸山都罗列出来,结果是既看不出"钟山龙盘",更看不到"石头虎踞",甚至连石头山都没有标出来。图中还有一个错误,就是把上水门画在东门的北边了,而后边《历代城郭互见之图》《府城之图》中,东门都在上水门的北边。其卷四十二《灾祥》载:"周显王三十六年,楚熊商见地有王气。秦始皇三十七年,望气者言五百年后金陵有天子气。""晋元帝渡江时,望蒋山有紫气,时时晨见。"王气的说法依旧,但埋金的故事又丰富了。《景定建康志》卷五《辨金陵》中列举出数种:"金陵何为而名也?考之前史,楚威王时以其地有王气,埋金以镇之,故曰金陵。又曰,地接金坛,其山产金,故名。于是因山立号,置金陵邑。至秦始皇时,望气者谓其地有天子气,又埋金于山以厌之。昔有一碣,在靖安道间,题为埋金碑,其文曰:'不在山前,不在山后,不在山南,不在山北,有人获得,富了一国。'耆老指为秦时古碑,近年遂为好事者取去,是金陵之名始于楚、秦,千数百年于此矣。"

靖安道,见《景定建康志》卷十七:"金陵冈,在府城之西龙湾路上,耆老言,乃秦厌东南王气,铸金人埋于此。昔有一碣,刊其文曰:'不在山前,不在山后,

"金陵王气"

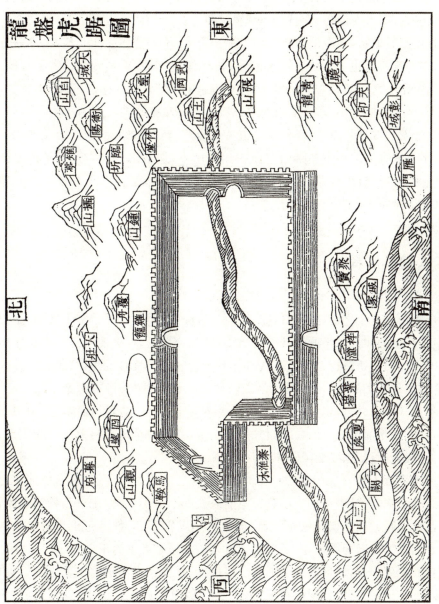

图055 《景定建康志》中的龙盘虎踞图

不在山南,不在山北。有人获得,富了一国。'后因砌靖安路,失之。详见《金陵辨》。"按南宋建康府下辖有金陵乡,其境域在玄武湖之西,包括石头山、马鞍山、卢龙山一带,旧有龙湾市。明顾起元《客座赘语》卷十有"秦人凿山"一则:"今人第知方山至石碛山,为秦皇凿断'金陵王气'之处,不知今城之西北卢龙、马鞍二山间,亦为秦所凿也。此处正号金陵冈,俗传埋金之谶,正是此处。冈上有碑,因开靖安路失之。张铉《新志》言其地有沟,沟中有石脉见存,以证断凿之迹。卢龙山,今土名狮子山,《志》称在张阵湖北,冈垅北接靖安。今山下为仪凤门,门外犹号龙湾城,即《新志》所称靖安镇者是也。"《新志》,即元《至正金陵新志》。据此,不但埋金的地点不在钟山上而在卢龙山下,连凿山的地点也到了卢龙山下。因为秦淮河流不到那里,所以不提"断金陵长陇以通流",干脆就说秦始皇凿断的是"金陵王气"。

## 南宋人的新解释

周应合对埋金之说是不相信的。他在《金陵辨》中说,"埋金宝于其地,是益其气也,安得为知乎",是适得其反的做法,楚王、秦皇为什么要干这种不智之事呢?所以他另提新解释:"地有王气,楚、秦所忌,故将凿山以泄其气也。役其人以凿山,则人未必从,于是借埋金之说以致凿山之人。""人皆有求金于山之心,则皆不爱其凿山之力,求不获则凿不已,不待驱而从也。""遍山而求之,遍山而凿之,金未有获而山之气泄矣。"原来埋金之说,竟是一个诱人自泄王气的阴谋。所以他"故著斯辨,以发金陵之诈,而祛黔首之惑云"。

周应合并不反对王气说:"山融川结,天地之气为之,岂区区智术所能变之哉。"王气所在,不是术士们的小花招所能改变的。但他认为,王气须善为驾驭,才有益于国政:"惟修德足以永天命,惟施仁足以固人心,惟行帝王之道足以消奸雄之变。圣贤以理御气,大抵然也。"这才是治国平天下的正道。

自六朝到南唐,前后已有七朝在金陵建都,然而都没有能够王霸天下,再拿"金陵王气"给帝王打气,便显得有些底气不足,所以周应合提出"以理御气"的问题。不是"金陵王气"不管用,而是此前那些王朝没有"修德"、"施仁"啊。

周应合的这种想法,正符合南宋时期的救国思潮。建康府是南宋王朝的留都,当时的主战派都希望皇帝能从杭州前来建康,以显示"恢复中原"的决心。尽管诗人们也知道,"除却钟山与石城,六朝遗迹问难真"(杨万里),但还是要借六朝史事,"金陵王气",比喻眼前时事,抒发胸中块垒,为南宋王朝打气,如夸说"当日卧龙商略处,秦淮王气真何许"(程珌),鼓吹"石城虎踞,钟山龙蟠"的优势至今未衰;"石虎蹲江蟠王气,玉鳞涌地镇神皋"(范成大),虎踞龙蟠的金陵形势,还在护卫着南宋的疆土。叶梦得也曾以此为鉴,作诗勉励其子叶模,"千年石头城,突兀真虎踞。苍茫劫火余,尚复留故处"。面对"直把杭州作汴州"的南宋小朝廷,诗人们可谓用心良苦。

杨万里也曾对金陵人杰地灵大加鼓吹:"金陵,六朝之故国也,有孙仲谋、宋武之遗烈,故其俗毅且美;有王茂弘、谢安石之余风,故其士清以迈;有钟山、石城之形胜,长江、秦淮之天险,故地大而才杰。"他《陪留守余处恭、总领钱进思、提刑傅景仁游清凉寺,即古石头城》,留下诗作三首:"山自新亭走下来,化为一虎首重回。平吞雪浪三江水,卧对雨花千丈台。点检故城遗址在,凄凉浩叹宿云开。六朝踪迹登临遍,底事兹游独壮哉。"足迹所至,六朝遗迹几遍,而独以石头虎踞之游为壮怀。"万里长江天上来,石头却欲打江回。青山外面周如削,紫府中间划洞开。苏峻战场今草树,仲谋庙貌古尘埃。多情白鹭洲前水,月落潮生声自哀。"石头山险峻如削,屹立江畔,有如中流砥柱;在历史的洪流中,石头城也发挥着同样的作用。诗里的紫府,指清凉寺;仲谋庙,即吴大帝庙。"已守台城更石城,不知并力或分营。六师只遣环天阙,一垒真成借寇兵。问者王苏俱解此,冤哉隗协可怜生。若言虎踞浑堪倚,万岁千秋无战争。"他也与周应合一样,反思历史教训,明白单凭天险是不足以保障和平的。

## 明清的余波

明初定都,南京龙盘虎踞的形胜又被张扬了一回。王俊华《洪武京城图志记》中写道:"金陵控扼吴楚,天堑缭其西北,连山拱其东南,而龙蟠虎踞之势,昔人之言,盖不诬也。孙吴始创,居之六朝;南唐虽代有其地,然而疆域之广未极其盛者。意者天之所兆,有资于今日,以启一代王业之隆也欤。"元末群雄并起,朱元璋"龙兴淮甸,天戈南指,吴越首入版图,乃默与神谋,即定都于是,辨方正位,立洪基,造丕图,而郏鄏之鼎以定。山若增而高,水若增而深,回抱环合,献奇贡异,而荣光佳气,与斗牛星纪,并丽乎太微帝车之间,何其伟耶",以此为本,于是数年之间,横扫天下。"而京师之壮,增饰崇丽,轮蹄交集,丝管喧竞,岁时士女填郭隘,郛其宏盛气象,度越今古,岂区区偏方闰位之可媲美哉。"强调明代的大一统,非此前建都各朝所可比拟,真正展示了龙盘虎踞的优越。

不过,这也就是一种说法而已,未见得就是明初建城时的"指导思想"。比如说"左青龙右白虎"是风水理论的重点之一,但从《洪武京城图志》看,当时明御河上既没有白虎桥也没有青龙桥。到正德年间《南畿志》中,才出现青龙桥和白虎桥,白虎桥实是明初的大通桥改称,而青龙桥位置上在明初就没有桥梁,可以证明当时根本没有做这个考虑。皇宫尚且如此,其他城市建设项目,究竟有多少会受到"王气"之类的影响,就更不用说了。

有趣的是,元末孔齐《至正直记》卷四载:"钟山王气,昔时在二十余里之内。自丁亥以后,气如紫烟,远接淮西,亦异事也。"丁亥是至正七年(一三四七),正是朱元璋托钵淮西之时。这一条若被当时人看见,直是为朱元璋造登基舆论。明嘉靖年间闻人诠《志南畿叙》亦说:"都会形胜,率举金陵,然多偏安,未得所统。惟我高皇定鼎,讯逐元胡,混一区宇,江甸万国,省别诸夏,直隶辅畿,而金陵之胜,雄越往昔。"

但是到了明代中期,对于南京形势的议论,渐已趋向负面。顾起元《客座赘语》卷八论"金陵垣局":"郑端简公谓:'金陵形势,山形散而不聚,江流去而不留。'顾司寇公亦言:'登幕府山,望大江东去,往而不反,为之太息。'"顾起元虽据风水理论为之辩,仍让人觉得过于玄虚。入清后,圣祖玄烨有《过金陵论》:"昔人论形势之地,首推燕、秦,金陵次之。然金陵虽有长江之险为天堑,而地脉单弱,无所凭依。六朝偏安,弗克自振,固历数之不齐,或亦地势使然也。"他得到的结论是:"有国家者,知天心之可畏,地利之不足恃,兢兢业业,取前代废兴之迹,日加儆惕焉,则庶几矣。"

"金陵王气"最后的闹剧,发生在太平天国时期。定都天京后,天王洪秀全下诏说:"天下万国,朕无二,京亦无二。天京之外,皆不得僭称京。"杨秀清遂发动追随太平天国的无耻文人,写出四十一篇《建天京于金陵论》,刊印成书。其中最荒唐的谬论,是认为上帝创世纪时,就预先造好了一座金陵城,以等待太平天国建都。其中吴容宽写道:"我天父上主皇上帝当初六日造成天地山海人物,所造者虽不独一金陵,而金陵固于六合之大,九州之广,为甲乎天下者也,为福地于天下者也,即为天下之少贰寡双者也。何言之,金陵之城郭则坚且厚,金陵之仓库则实且充,金陵之形势则虎踞而龙蟠,金陵之风俗则温文而淳厚。于以知昔日天父上主皇上帝之造金陵时也,久已著意如此,以为金陵乃王气所钟,诚足以为后日建天京之所。"袁名杰写道:"金陵为天下一大都会,虽地势稍下,而紫金山高凌云表,城内各山,亦不平衍,此天父预设,所以待我天王来登大宝也。"宋溶生写道:"斯固金城汤池,万方之所悦服,亿众之所向往者也。乃知皇上帝造天地之时,盖以预储此地以俟太平真主,树万年不朽之基,而建万世无疆之业也夫。"诸如此类,不一而足。然而这一种回光返照,不过十年,便随着太平天国的灭亡而烟消云散。

自此以往,"金陵王气"之说,完全成为一种文化的投影。若有谁再煞有介事地探寻什么埋金的地点、凿山的痕迹、风水的标志,甚至想借此构造出一座"王气之城",恐怕只能沦为世人的笑柄了。